蘇州全書

甲編

書

《蘇州全書》編纂出版委員會 編

· 春秋三傳讞
· 春秋攷
· 石林先生春秋傳

蘇州大學出版社
古吴軒出版社

春秋攷卷七

宋　葉夢得　撰

桓公

周官均人凡均力政以歲上下有豐年有中年有無年春秋有年者中年對無年之辭也大有年者豐年也五穀無不熟之辭也

蔡衛陳從王伐鄭三國皆稱人或曰貶諸侯之不親行而以大夫從王也或曰以鄭祝聃射王中肩而貶三國之不能勤王也吾以叔孫豹之言求之而後知其不然

豹曰天子作師公帥之以征不德此謂公親行也諸侯有卿無軍率教衛以贊元侯此謂以卿行也諸侯者不爲方伯者也諸侯本無軍但教衛以贊元侯則元侯作師諸侯但使卿率其教衛之民而往佐焉固禮之所當然也然則公何以親行諸侯何以不親行公之爲伯有二而已以爲天下東西之帥所謂太保率西方諸侯入應門左畢公率東方諸侯入應門右者也二伯若不親行則諸侯何所總一乃五服之內皆諸侯也豈可人人而使盡行乎先王立法必本于人情雖欲不使卿行不

可得也據傳王爲中軍虢公林父將右軍周公黑肩將左軍則二伯之帥天子之師者矣蔡人衛人屬虢公陳人屬周公則諸侯之賛元侯之軍者矣諸侯何徒親行乎若曰以貶大夫之不能勤王而至于敗無以服諸侯而至乎親征又不勝而敗此其過在王王不敢加貶而加于從王之大夫豈春秋之義哉禮諸侯大夫入于王國皆曰士故吾以爲此正大夫入王國稱士春秋之法當以人見者也惟知禮者可與言矣

先王爲兵之法不可得而見矣左氏載桓王伐鄭之役

王爲中軍而虢公周公爲左右蓋古之用兵無有不分而爲三所謂三軍也六軍者軍之數也三軍者軍之法也故鄭亦以曼伯爲右拒祭仲爲左拒原繁高渠彌爲中軍以當王而曰先偏後伍伍承彌縫謂之魚麗之陣大司馬聯兵之法五人爲伍五伍爲兩四兩爲卒自是等而上之至于爲軍伍兩卒皆其軍之名此先王之制可攷者也齊景公之將曰穰苴善用兵景公以爲大司馬至威王倣穰苴之法追論古司馬兵法而附以穰苴號司馬法以百人爲卒二十五人爲兩車九乘爲小偏

十五乘爲大偏公羊穀梁謂前定之戰爲偏戰者也蓋又有所謂偏者亦或曰乘邲之役楚子爲乘廣三十乘分爲左右使許偃御右廣彭名御左廣無所謂中軍者此則楚之陣法也申公巫臣自楚奔晉爲晉使吳以兩之一卒行而舍其偏兩之一與吳教之使爲車戰以叛楚蓋小偏與一卒也而宋華氏與衛公子朝戰其黨鄭翩願爲鸛其御願爲鵝此則其陣法之名如鄭之言魚麗焉先王之法王者之師也必有不可盡行于當時者故國各自爲之制然亦不能外曰伍曰兩曰卒曰偏者

焉三軍古者謂左右中而晉文公言上中下亦各爲之名者異爾故左拒右拒者鄭之名也左廣右廣者楚之名也左角右角者晉之名也

孔氏解作丘甲言古者用兵天子先用六鄉六鄉不足取六遂六遂不足取公卿采邑及諸侯邦國若諸侯出兵則先盡三鄉三遂鄉遂不足然後總起境內之兵此法于經無見不知其何據然周官六鄉之法自五家爲比至于鄉與軍制自五人爲伍至于軍其法皆同特名異爾則天子六軍自備于六鄉之民豈有更取于六遂

及宋地邦國者乎然周官象胥凡作事王之大事諸侯
次事卿次事大夫次事上士下事庶子議者或疑王之
征伐葢大事也皆先以方伯連率六軍若盡取于六鄉
而六遂之外皆不預不惟勞佚不均亦竭内以事外先
王作法不應如是疑其爲軍者雖寓于近郊而所以用
師自别有其道今不可盡攷也
先王征伐之序其制不可盡攷見于詩書禮者不過二
三方伯一也二伯二也親征三也諸侯有卿無軍本皆
不得征伐惟九州之牧擇諸侯之有功德者爲之而後

賜之弓矢使專征賜之斧鉞使專殺如文侯之命言賚爾彤弓一彤矢百盧弓一盧矢百此平王錫文侯者也亦謂之侯伯而詩彤弓天子錫有功諸侯者葢歌是詩以享之故狄人迫逐黎侯而詩旄丘責衞宣公不能行方伯連率之職其在周禮則所謂八命作牧者此方伯之征者也方伯各長其一州之諸侯而已冀不可以兼豫荆不可以兼揚則又天子之三公以其二分天下而各掌其東西則公羊言分天下爲二伯自陝以東周公主之自陜以西召公主之一相處乎內而詩國風别爲

周南召南二伯雖三公皆出封于外而封伯禽于魯留周公于京師者蓋有爲爲之也有事而後入王朝則顧命言成王將崩召公畢公率諸侯相康王故管仲言命我先君太公曰五侯九伯汝實征之其在周禮則所謂九命作伯者此二伯之征也王親征禮不爲定制其見于夏者則啟與有扈戰于甘者是已見于周者則成王東伐淮夷四征不庭者是已意者諸侯有罪方伯征之方伯有罪二伯征之皆請于王而後行是謂天下有道征伐自天子出者也二伯不能服而後王親征故淮夷

三監叛在周公居攝成王未親政之前則周公東征而已及言成王東伐淮夷遂踐奄周公致成王政在成王親政之後豈非前征有不能服而後親行歟天子六軍在王畿之內各以其卿分將惟天子出征而後行則甘誓言乃召六卿曰嗟六事之人者是也亦有二伯出征而以王師從之者則胤征言胤侯命掌六師者是也胤爲國則不在寰內蓋三公之出封者正爲二伯故言胤侯掌六師蓋一時之辭不言命胤侯掌六師孔氏以爲大司馬誤矣其序大畧雖如此然事亦各有緩急大小

如有扈氏威侮五行怠棄三正而至于大戰則非王親征其誰勝之乃鄭伯之罪未至于此再不朝但當削地而遽伐則是以喜怒之私輕用其兵而行其志以爲王者之師則未也天子親征于禮無正文其事雜見于周官所謂大師之禮用衆者也凡言大師大合軍旅大軍旅王之軍旅者皆是而王制言類乎上帝宜乎社造乎禰禡于所征之地受命于祖受成于學出征執有罪反釋奠于學以訊馘告者其出入之禮也以書攷之則有扈之戰是已有扈外諸侯也其罪以威侮五行怠棄三

正則有大于義和湎淫廢時亂日者故羲和則胤以二
伯征之有扈則啓以天子征之大司馬九伐之法不載
親征之目蓋親征非有司之事當其時則爲之不可立
爲常法王者普天之下莫非王臣無一物不欲得其所
而元惡大憝果于犯上有號令所不能訓刑辟所不能
加者非王自治之天下幾何不受其害哉故大司馬之
職但曰救無辜伐有罪其以遷廟之主載之齊車用命
者則賞于祖而小宗伯奉之以社主帥有司立軍社弗
用命者則戮于社而大司寇涖之示其有所受也然而

王者有征無戰合天下之衆夫誰與王敵而甘誓猶以戰言者蓋無戰王之義也伐不服逆命而戰軍之事也蔡人衛人陳人從王伐鄭不以王主兵而以三國從王爲文者不以王當鄭也然春秋于鄭無貶文夫諸侯而使王至于親征豈待加之以辭鄭伯固無以立于天下矣

周語載富辰之諫以翟伐鄭之言曰翟無列于王室鄭伯南也王而卑之是不尊貴也此與子產言鄭伯男也而使共公侯之賦男字音同而字異先儒訓南爲在南

服或曰南面韋昭謂男字爲在男服以爲周自康王後西都鎬京土地減損服制改易故鄭在男服不知何據此當從伯子男一等之言吾固言之矣疑外傳誤當從左氏

凡春秋書大雩皆在秋七月八月九月蓋夏之五月六月七月也中間書冬雩一見爾五月六月七月五穀播種長育之時旱則必災故雩惟見于此三月穀梁曰秋大雩非正也冬大雩非正也秋大雩之非正何也毛澤未盡人力未竭未可以雩非也雩本爲旱求必待毛澤

盡人力竭不亦晚乎此但見春秋書此兩時故以爲非正若此兩時非正則何時爲正耶左氏曰龍見而雩過則書亦非是龍見夏之四月也先王之雩有歲之常祭有因旱而祭四月歲之常雩先事而祈者也故不書自五月以後至于九月遇旱而祭有事而祈者也故書以見其有勤民之心與否爾惟公羊止言其旱祭以爲記災此爲近鄭氏注月令謂雩之正以四月凡周之秋三月之中而旱亦修雩禮冬及春夏雖旱禮有禱無雩蓋參以左氏龍見之言與春秋爲正月令誤列雩在季夏

　八

鄭氏正之是也

月令言命有司爲民祈祀山川百源大雩帝用盛樂乃命百縣雩祀百辟卿士有益于民者以祈穀實別大雩爲二此先王之舊禮天子諸侯之辨也鄭氏言雩帝謂爲壇南郊之旁雩五精之帝百辟卿士謂古者上公若句龍后稷之類故言天子雩上帝諸侯以上雩上公蓋以月令爲正而參之穀梁所謂古之神人有應上公者通乎陰陽君親帥諸大夫道之而請之然則春秋書大雩豈以魯得用天子之禮故歟穀梁止及上公知雩而

不大雩也大抵魯凡用天子禮樂春秋皆因事正其名以見如郊禘烝嘗及此大雩之類以爲終非人臣之所得用故每書之以著其過也

左氏爲啓蟄而郊龍見而雩始殺而嘗閉蟄而烝四例各不同或舉節氣或舉天象始殺閉蟄又非節氣所見蓋自其意爲之非先王之舊典也凡左氏書大抵皆欲各舉其一以參見啓蟄謂驚蟄也漢太初歷以啓蟄爲正月中氣雨水爲二月節太初以後方改雨水爲正月中氣驚蟄爲二月節方左氏時猶以啓蟄爲正月中氣

而見魯君以孟春祀帝于郊者故云不知周祈穀之郊以孟春而魯郊卜辛其在孟春者適得之而非其常禮明堂位之言自不可盡據而孟獻子言啓蟄而郊郊而而後耕者此以周祈穀之郊言而左氏弗悟也蒼龍者東方七宿之總名仲夏之月昏亢中則蒼龍七宿以昏盡見古者有常雩有非常之雩常雩先事而祈歳以爲常非常之雩旱而後祈歳無常節故常雩春秋皆不書而書者皆秋及八月九月雩而得雨則書雩而不得雨則書旱此非常之雩也呂不韋月令大雩在仲夏既失

之矣而左氏亦云蓋不知非常之雩而相仍之誤也若然昭八年定七年十二年經皆書秋大雩而不記月蓋連三月皆雩周之孟秋卽夏之五月正當龍見則非過矣何爲而書乎節氣無始殺閉蟄月令但記仲秋殺氣浸盛陽氣日衰則建酉之月也周官禴祠烝嘗皆在四時之仲月則建酉之月嘗之節也春秋記冬十月隕霜殺草十二月隕霜不殺草爲異則始殺當在建申之月始殺亦非常之節也月令記仲秋之月蟄蟲坯戶坯而未閉也季秋之月蟄蟲咸俯在內皆墐其戶墐之爲言

塗也于是始閉蟄矣當爲建戌之月據哀十二年冬十
二月螽季孫問孔子子曰火伏而後蟄者畢今火猶西
流司歷過也火伏當在十月火猶西流蓋九月也是以
爲司歷之過則蟄蟲閉戶十月之節也以爲建戌亦非
是以周官論之烝當在仲冬建子之月吕不韋言以孟
冬大飲烝既非是而又失于蟄蟲閉戶正使左氏以爲
孟春亦自與周官不合特吕不韋之過由是而言左氏
爲四例無一中禮者蓋但見經書四月四卜郊四月三
卜郊不從乃免牲而無書三月三卜郊不從者三月夏

之孟春啓蟄之節也故以三月郊爲正而四月以後爲過書秋及秋八月九月雩而無書七月夏之五月龍見之節也七月書季辛又雩纔于昭一見自爲陽虎之事故以五月雩爲正而七月以後爲過書秋八月嘗而書九月嘗故以九月始殺爲正而八月爲疾書五月烝而先書正月烝爲見亟而無正月特書烝故以閉蟄爲正而五月爲過皆因文以立義其實非有閒于經者也

寔來一句在春秋本不爲甚異但緣三家皆屬之州公如曹故秦漢以來諸儒皆不敢易然攷之經他未有此

語例州公王臣也王臣之罪莫大于不以君命出竟私交外諸侯其過我而不以禮在所後也今不譏其如曹而譏其過我捨所重而貶所輕春秋固如是歟或曰如曹非私交蓋以王命聘曹如劉夏逆王后于齊之類故不譏但因王命而來朝我如祭公來之類又不以禮故譏若爾其文當屬于如曹之下不當離于明年或曰去冬如曹以曹亂不克往今春始來朝我若爾自是兩事不當蒙上文春秋一事再舉而略之者莫甚于溴梁之大夫然猶曰戊寅大夫盟不沒其大夫州公朝我不以

禮未有甚惡何爲遂沒之耶吾以公卿大夫士所書名例差之然後知寔蓋王之中士其辭本無異何以言之自大夫而上或書國爵或書邑爵或書氏字固有辨矣如劉夏石尙下士則姓名皆不書如凡書王人獨中士無見則去姓書名非中士而誰耶蓋王之中士再命諸侯之下大夫亦再命諸侯會書翬書挾書柔書溺楚書椒鄭書宛吳書札秦書術之類其例已見矣此固可類求學者徒見春秋他未有書王中士者獨見于此而爲三家所先入故不復更加思吾固以爲傳有不可盡信

而求之經者蓋如是也
公羊言是人來以爲慢穀梁言是來以爲簡晉使鞏朔聘周周人以非命卿辭之曰不使卿鎮撫王室所使來撫余一人而鞏伯實來實來之爲言固慢且簡也是不然古今之辭固有適相同者顧其所施如何豈可以一槩論覲禮天子曰非他伯父實來余一人嘉之則實來乃嘉辭非慢而簡之也蓋實者言以爾來也輕重初不繫于此一字鄭氏注覲禮實今文作寔古實寔通用
八月壬午大閱以禮攷之大閱于周爲春事而秋興之

固非時矣今據左氏所言則畏鄭師而爲之也始戎伐齊齊乞師于鄭鄭忽救之大敗戎師齊于是使諸侯之大夫戍齊而使魯爲其班後鄭鄭忽怒故有郎之師據郎之師雖在後五年然魯于齊雖桓公死不敢討莊公又與之婚其屈甚矣而鄭又齊之所恃以有功者則安得不爲之備乎下云秋大閱簡車馬也蓋懼鄭師之至故先二時而大閱是亦如治兵然不特以非時而見貶也

公羊言陳佗淫于蔡蔡人殺之穀梁言匹夫行故以匹

夫稱之謂佗淫獵于蔡與蔡人爭禽蔡人不知其是陳君也而殺之夫佗雖無道亦豈有以匹夫入人之國而人不知者乎據鄭子產數入陳之事云桓公之亂蔡人欲立其出先君莊公奉五父而立之蔡人殺之五父者佗也蔡出者厲公也若此乃蔡人爭立其出而殺佗爾陳鮑以春正月卒秋書蔡人衛人陳人從王伐鄭明年秋方書蔡人殺陳佗則佗蓋嘗與蔡人同從王爲伐鄭之役亦安得蔡人不知其爲陳君之理此蓋二氏不曉蔡人爲討賊之辭佗踰年不稱爵爲貶之義但見書蔡

人以爲微者而佗書名故以佗爲匹夫見殺乃知二氏有不見事實因文而鑿爲之說有如此者矣
魯十二公隱既弒其子不復見閔早死哀之後亦不可攷桓僖定皆弟及閔宣襄昭四公皆非嫡子以嫡子而得位者莊文成哀四公嫡子而不得位者文之子惡嫡夫人無子當立長以毁卒者襄之子子野成昭之嫡子蓋無見于傳文成哀惡野之生皆不書而莊獨書何歟生子卽位之後而以太子之禮舉之者惟莊公一人而已古者嚴嫡庶之分所以定其爲君也君一定而僭奪

之心息矣故必正于初生之時禮太子生告于君接以大牢三月夫人以見于阼階而君親名之以告于大宰書而藏曰某年某月某日生非太子見于外寢而名以有司禮正而名定然後誓于天子而受命爲天子已命之雖其君不得易也謂之世子攝其君則下其君之禮一等雖未誓亦以皮帛繼子男之後夫如是其誰敢爭哉桓不朝王莊雖未必請于天子然見于春秋其必能正其初生之禮此所以雖有叔牙慶父之弟而不敢爭也若夫出姜生惡敬嬴生宣敬嬴嬖而私事仲遂宣長

而屬之故文甍仲遂欲立宣叔仲不可乃請于齊侯殺惡而立焉則子惡固未嘗定其爲太子于文公之世也安知成哀野不有若是者乎則其不書或生在卽位之前或舉之不以禮不能定于早是以略之爾則莊同所宜獨見也子同生公羊以爲喜有正也得之矣而再書子公羊子曰其諸以病桓歟則意有同乎穀梁夫穀梁自不知同爲莊公之名其義固不足言公羊前論蓋其師所傳後見穀梁自以爲然故復證同非吾子之言再挈公羊子以著其說其亦不能信其學矣左氏不爲義

但載接子之禮與申繻之言此正當時本意而左氏不能言也學者多惑猗嗟之詩以穀梁爲是吾固以爲非詩意矣抑未嘗以經攷之文姜自嫁至今三年未嘗歸齊也

焚咸丘公羊以爲火攻而咸丘邾之邑也不繫于國君存焉而國之也穀梁言疾火攻左氏不爲傳杜預謂魯地而以田兵用火攻固有之矣皆因火以濟其兵如楚燧象之類是也未有專以火而焚一邑者公羊蓋誤以咸丘爲邾邑故從而臆爲之說爾以吾攷之此與咸亭

之辭正同蓋內邑也杜預之言近之矣先王四時之用春用火夏用車秋用網冬用衆皆所以致禽春陳草猶在因焚萊而去之謂之火弊故周官司烜軍旅修火禁而民因用之以火田郊特牲曰季春出火爲焚也若非其時而用之則國失火野焚萊皆有刑罰國謂之火野謂之焚國語載魏獻子田于大陸焚而死用而失其節則有焚之患焉此在春二月則建丑之月也未出火而用既非其時矣而咸丘之焚蓋公淫獵冬田而用春事因以焚其邑歟何以知公之淫獵國未出火民自不應

得用于田而焚文在上蓋有焚之者所以譏公也若民用之而延及于邑不可譏民當如人火例書咸丘焚足矣是以知其爲獵也

穀伯綏鄧侯吾離皆失地之君也失地之君所以能朝者蓋諸侯失地有遂亡而不復者有猶能託于大國而圖復者未必皆其罪鄰國之接之也其倉猝以奔來不暇修其國君之禮則以奔接之或從容猶能如平日之過我者則以朝接之皆謂之寄公或曰寓公王政不行強幷弱衆暴寡苟大國見偪而去之如紀侯之賢且得

變文稱大去其國雖其賢不及紀侯苟自不失其爲君道能以朝禮來見則吾安得而絕乎故諸侯不臣寓公其死也爲之服齊衰三月則與之朝亦宜矣左氏以爲名賤之也不知其何義杜氏附會以爲僻陋小國賤之而禮不足夫郳黎來郜子猶不以僻陋而名穀鄧皆侯伯之君而謂之僻陋小國可乎公羊曰貴者無後待之以初穀梁曰嘗以諸侯與之接矣雖失國弗損吾異日也雖若近之然終不知諸侯之于寄公自不可拒之朝也使失國而遂賤之尚何求于諸侯

禮王制王于宗廟四時之祭春曰礿夏曰禘秋曰嘗冬曰烝此夏商之祭也夏商有四時之禘有五年之禘故長發言大禘以別時祭而毛氏以爲郊祭天則鄭康成之誤其來亦有自矣周人改春祭爲祠夏祭爲禴故雖止言禘而已左氏言禘于襄宮禘于武公之類每祭皆以禘名之疑亦指夏商時祭爲言未必以爲大禘也猶之玄鳥祀高宗毛氏以祀爲祫審此爲祫祭則自不害其稱祀然禮言天子犆礿祫禘祫嘗祫烝諸侯礿則不禘禘則不嘗嘗則不烝烝則不礿諸侯礿犆禘一犆一

祫嘗祫烝祫鄭氏謂天子先祫而後時祭諸侯先時祭而後祫言天子諸侯皆歲三祫特先後不同而猶之爲言别也惟春祭物未成故獨礿而不祫夫旣以祫爲喪畢之祭後因以爲常則安得歲三舉之乎夏商之禮雖不可攷然先王祭不欲數不應如是瀆也王氏謂夏秋冬或一時得祫則爲之不三時俱祫此若近于人情然士虞禮始虞日哀薦祫事謂其欲合于先祖豈夏商之前羣廟之祭凡合而共享者皆通謂之祫與大祫異乎禮文至周而大備其名無不皆正故禘祫之說學者不

能感也

禴祀烝嘗此先王四時之常祭也祭不失常春秋固不書然烝嘗獨三見于桓公豈餘皆無失禮乎葢桓公以惠公爲父以隱公爲兄棄父之命奪兄之位以至于弑此無辭以見宗廟而宗廟之所宜絶者也桓公成宋亂取郜鼎納之太廟固已非是春秋書納以示其難于是旣以正月烝于禮爲已亞矣又以五月而烝五月夏之三月其祭爲祠乃求備于冬禦廩災于時祭自無害也乃以八月而嘗八月夏之六月其祭爲禴乃豫求于秋

是皆以薄爲厚將豐昵于祀以求媚于祖考使桓公之志得行則後之爲惡凡宜絕于宗廟者皆可以昵祀而免則祖考爲可誣以無罪矣故探其情而詳著之也以詩攷之曰吉蠲爲饎是用孝享禴祀烝嘗于公先王夫必吉蠲然後可孝享桓公之享謂之孝可乎楚茨之刺幽王特以政煩賦重饑饉降喪而已君子推本而言之乃以見祭祀不饗故曰絜爾牛羊以往烝嘗而後繼之言先祖是皇神保是饗桓公之祀先祖其饗之乎非特周也那之祀湯烈祖之祀中宗其卒章皆言顧予烝嘗

湯孫之將鬼神之幽不可測矣古之人知祖考之來顧者以其在人者足以致之也閟宮頌僖公首言春秋匪解享祀不忒而謂周公皇祖亦其福女者亦于秋而載嘗孝孫有慶魯人以爲僖公之美者在是則不足于桓其可知矣故正月己卯烝雖得時而亦書者以爲雖得時者猶在所貶故因一見之況非其時乎易曰東鄰殺牛不如西鄰之禴祭實受其福夫祭何必豐故曰孚乃利用禴而公羊穀梁乃皆以正月書烝爲譏亟此誤以正數之也果爾春而烝自足以爲罪何不以是貶而必

以正月見亟使正月不烝則五月可烝乎若八月嘗亦自非時未及秋而先嘗穀梁以爲以未易災之餘而嘗以志不敬公羊以爲御廩災不如勿嘗而已此亦以周正數謂八月爲當嘗特以御廩災之後爲非皆未知特書于桓之意也

詩那祀成湯烈祖祀中宗其末皆言顧予烝嘗湯孫之將謂諸侯來佐祭也而那言我有嘉客倂二王後來矣楚茨刺幽王祭祀不享君子思古而曰絜爾牛羊以往烝嘗夫言佐祭之盛與思古之祭祀皆以烝嘗爲重蓋

二祭在時祭其禮加盛謂之大祭故舉其重者言之吾益知春秋不言祠禴與詩人之意同也

凡諸侯之適子誓于天子攝其君則下其君之禮一等未誓則以皮帛繼子男此謂朝天子也蓋諸侯于天子朝有常時有故不能朝則有以世子攝其君諸侯相遇則相見無相朝之禮則安用以世子攝其君而特行乎是僭天子也故曹伯使其世子射姑來朝所以見貶乃盟會征伐之事諸侯固不必親此大夫之職而非世子之任晉獻公使申生伐皐落氏里克諫曰冢子君行則

守有守則從從曰撫軍守曰監國自齊小白甯母以陳世子欵鄭世子華與盟其後欵再盟于洮至晉侯遂與衛世子臧伐齊叔孫豹與鄫世子巫如晉而楚靈王申之會宋以二王後亦以庶子佐與世子遂參大夫之職矣然而陳欵列許男曹伯之下宋佐列沈子小邾子之下則不以攝其君處之蓋諸侯爭强不肯以世子先已而霸主亦不敢用朝天子之禮則繼子男之後而已凡春秋以世子書者皆已誓于天子非未誓也至齊光初盟雞澤在莒子邾子之下猶循小白舊制及伐鄭遂在

滕子薛伯之上其後凡八見皆居滕薛上是時晉政已衰齊靈公方威脅諸侯邢丘與向之會雖齊人皆居宋人上況其庶子乎左氏以爲以其先至而先滕薛者亦未必然也

誓之爲言命也不曰命而曰誓者將有所戒而使不得犯焉者也故曰以誓教恤則民不怠恤者憂也憂之則必戒之也故民趨而不敢怠古者惟軍事爲然是以五戒誓用之于軍旅世子之誓亦猶是葵丘之盟所謂無易樹子者也天子之適子生而以世子之禮接之故不

待誓諸侯有天子在上凡吾之國天子之封也雖以世子之禮即適子而不敢私自與之國必誓于天子而後可也曾武公以括與戲見宣王王欲立戲仲山甫諫曰不可天子立諸侯而建其少是教逆也若魯從之而諸侯效之王命將有所壅由是言之世子雖天子不得私焉惠王欲捨襄王而立王子帶齊桓公率諸侯召襄王而會之蓋王政不立于天下天子當誓諸侯而不能行諸侯反會天子之世子而定其位雖上下之權倒置其所以正世子之道則一也故首止之會春秋與其變之

正焉魯文公之薨有適與母弟惡及視公子遂欲立宣公乃請之齊殺二子而立宣公昭公薨于外有公衍公爲在季氏以公之怨不欲立而立公子宋若是何天子之命云乎然而春秋于宣書王正月公卽位而無異辭吾固言之矣宣之立猶桓之立也桓之罪治于三年宣之罪亦當治于三年治桓不治宣以桓見之內辭也乃定公則奪其正月矣不治宣而治定其爲法者異也定以不得其正奪正月以隱之得正月宜爲不失正明矣而左氏謂隱庶長不當立而桓爲適當立者其不知經

可知也

來戰于郎此亦內不勝之辭也故諱不言敗若槩以及某師常法之辭書之則不足以正三國之罪故變文曰來戰凡自外至皆言來然來聘來盟來歸來奔可也安有戰而可來者乎魯以周班後鄭而鄭來伐鄭固罪矣然齊實命魯爲之今鄭有辭而齊不能正乃爲之出兵又率之衞使衞而知禮必有以謝齊侯而復靡然從之謂鄭爲過而二國又甚焉故不以鄭主兵滕薛來朝爭長魯以同姓先滕薛不敢違孰謂鄭而不如薛乎鄭雖

無禮而齊不同惡亦未能獨戰鄭伯得行其志實因齊衞其罪猶宜大于鄭是以春秋雖內魯而善善惡惡之際亦秋毫不敢容于私也

春秋攷卷七

春秋攷卷八

宋　葉　夢　得　撰

桓公

祭仲足杜氏謂名仲字仲足此說應攷鄭不當有以字見之大夫不得已謂嘗入而爲王卿士者以理推之也要不得爲定據按後言祭封人仲足有寵于莊公莊公使爲卿封人非食采于國外之大夫也如言潁考叔爲潁谷封人蓋在邦域之中嘗爲附庸故仲足考叔皆以字見如邾儀父則仲固爲名焉所以言莊公使爲卿若

卿而食采于祭則不得言封人而使爲卿也釋例謂伯仲叔季固人字之常然亦有以爲名者其言未爲過但不應舉宰渠伯糾蕭叔大心爲例此杜氏不知經而適合者也

宋莊公誘執鄭祭仲以求立突亦執突以求賂祭仲與宋盟以突歸而立之鄭昭公忽于是出奔衛突立是爲厲公宋人多責賂于鄭鄭人不堪魯桓公欲平宋鄭故連與宋會于虛及龜而與鄭伯爲武父之盟宋人辭平桓公遂與鄭伐宋明年宋以齊衛燕人復伐鄭鄭以魯

師紀師敗之又明年宋人復以齊蔡衛陳四國之師報宋之戰焚鄭渠門入大逵伐東郊取牛首以大宮之椽歸爲盧門之椽突患祭仲專使其壻雍糾殺之不克夏出奔蔡昭公復入秋突因櫟人殺檀伯而居櫟秋魯桓公會宋衛陳伐鄭將納厲公弗克而還明年魯復會宋衛蔡伐鄭始鄭莊公欲以高渠彌爲卿昭公惡之固諫不聽至是懼其殺己乃弑昭公而立其弟公子亹齊襄公師于首止子亹往會高渠彌相齊人殺子亹而轘高渠彌祭仲知之先稱疾不行乃逆昭公之弟子儀于陳

而立之突猶在櫟也此皆在桓十八年之前至莊之十四年突自櫟侵鄭獲傅瑕而使納己傅瑕遂殺子儀納突突入而殺傅瑕此突終始見于左氏者也然經自昭公復歸于鄭之後至突卒凡二十四年不見突入昭弑及子亹子儀之事學者以爲國亂不赴故魯史不得書理宜有之矣予獨怪齊襄公討弑君之賊殺子亹而轘高渠彌此與楚子入陳殺夏徵舒事無異縱鄭不赴齊安得不赴于諸侯乎突之初入不堪宋責賂挾諸侯而兩與宋戰則已背宋之惠而交惡矣故明年宋復以齊

蔡衛陳四國來伐則伐突也突已出而入櫟宋何得反連兩年伐昭而納突耶突已不克納而祭仲高渠彌爲立子亹子儀之謀是無意于突也是時縱昭公已弑突與二子蓋亦不並立者安能獨居于櫟十七年而鄭不誰何以待其逼傳瑕而入耶此皆人情所不可解者以詩鄭風攷之刺忽之詩五其四則得君之後也曰所美非美曰君弱臣强曰權臣擅命曰無忠臣良士終以死亡不見其弑者按春秋凡諸侯納君納之正則見納莊九年公伐齊納糾是也納之不正則見伐莊五年公會

齊人宋人陳人蔡人伐衛是也莊公納齊糾而不克故
復見齊小白入于齊諸侯納衛朔而克故復見衛侯朔
入于衛各著其實也今鄭兩見伐則其爲納突無疑矣
意者再伐而突遂入突入則昭公必出奔遂死于外而
不歸以不告故春秋不得書歟不然昭公果弑揚之水
不應不以責賊而徒閔無忠臣良士也出其東門所謂
公子五爭兵革不息者若謂昭公突子亹子儀但有其
四爾鄭氏以突再入當其一非也昭公弑而子亹立厲
公入而子儀弑皆一夫之爲爾未嘗用師豈得言兵革

不息今自突歸忽出之後數之桓十二年及鄭師伐宋戰于宋一爭也十三年公會紀侯鄭伯及齊宋衛燕戰二爭也十四年宋人以齊蔡衛陳伐鄭三爭也十五年公會宋衛于袲伐鄭四爭也十六年公會宋衛陳蔡伐鄭五爭也自是齊小白詑莊之十六年始見宋齊衛之伐則忽之死久矣大抵左氏好爲臆說而實之以事意者詩以二戰三伐爲五爭而左氏誤以詩爲五公子因妄成之以子亹子儀之弑乎是雖無預于經苟學者信其然庶亦可以解左氏之惑也

執霸主事也齊晉固然宋二王後其得專征未可知而邾人執鄫子楚子執宋公楚人執徐子則所謂非伯討者也春秋應霸主不能罪執人者皆與邾楚之事一施之以爲雖霸主也是亦邾楚而已矣

執與放春秋二法正相反執者以爲執爲伯討伯討正也以人執爲非伯討非伯討不正也放者乃以人放爲正國放爲不正此其故何也執者侯伯之職諸侯伯以王命征之或敗而執或服而執其執之以道者是謂能其事而不失其職者也故以侯執爲伯討人者不可以

執人者也苟執之不以其道與人而相執者無異是謂不能其事而自同于衆人者也故以人執爲非伯討放者臣有罪而待君放之辭非君放之辭也古者刑不上大夫有罪不敢復居其位皆退而卽于郊三年以待君命其君亦不敢遽責之也或弊其獄或徵其辭而與衆議焉徐而察之知其無罪也則賜環而使歸或閔其實有司以爲當刑猶賢者有議賢之辟親者有議親之辟至其必不得已國人皆曰可刑然後賜玦而使去故以人放者爲正若曰與衆棄之云爾彼出于一時之好惡

喜怒惟其君之爲不稽于衆不麗于法是獨曰吾以國之權行之則何取于正乎此國放所以爲不正也春秋之時諸侯放恣雖霸主盡其道者無幾故君臣見執者三十有一而得伯討者僅兩曹伯而已曹襄侵諸侯之地背中國而附楚不用僖負羈而乘軒者三百八晉文公始圖霸而治之曹負芻殺太子而自立厲公執而歸于京師二者之罪可見矣自執虞公以下凡二十三見無一當其罪者雖衞鄭亦不得爲伯討則君子責之蓋已嚴矣是説也公羊雖得之而不終其議故于僖四年

陳糠濤塗發例曰稱侯而執者伯討也然于執甯喜曰此執有罪何以不得爲伯討不以罪執之也幾是矣而于執宋仲幾曰伯討也則其稱人何不與大夫專執也夫大夫旣不得專執自不得爲伯討何用更問乎度其意但謂霸主所執爲伯討然而執虞公以下凡爲霸主所執者何不皆發問而獨問于仲幾也穀梁聞其言而不達其義乃反以兩執曹伯爲惡晉侯而于仲幾曰不與大夫之伯討則其意謂凡霸而人執者皆謂之伯討其視公羊固已遠矣左氏謂君不道于其民諸侯討而

執之則曰某人執某侯故于曹共云不及民夫執何論其及民不及民正使及民則何書乎穀梁于放胥甲父言稱國以放放無罪以左氏放之河曲之役胥甲父不肯薄秦軍于險晉侯初不以罪也逮其不得志而追討其不用命則非其罪可知其言似得之而公羊不云蔡人放公孫獵于吳以人放三家皆不載其事杜預推爲公子駟之黨是矣而穀梁反不爲義乃知公羊穀梁于經皆嘗竊聞其略而不盡若左氏則未之有聞者也楚治殺偃師之罪不正公子招放之而殺公子過何以爲

刑以其先書楚師滅陳不得再言國故于辭閒容之曰
放之于越則春秋毫末未嘗不見法也
穀丘之會燕人杜氏以爲南燕大夫明年公會鄭伯紀
侯及燕人戰燕師敗績以爲或稱人或稱師史異辭而
左氏記鄭侵衛事衛人以燕師伐鄭杜氏謂南燕國今
東都燕縣記王子頹事衛事燕師伐周明年執燕仲父
杜氏謂南燕伯南燕姞姓之國在鄭衛之間南燕書于
春秋者纔兩于桓則稱人其前未嘗與盟會朝聘蓋微
弱小國或用夷禮不能以爵自交于諸侯者故不得以

爵見而杜氏以燕仲父爲燕伯不知其何據其所謂燕人者亦不可謂燕大夫燕燕君也凡春秋夷狄初通中國皆書人荆人越人是也中國而習于用夷禮不能以爵通者亦書人徐人介人是也小國而僻陋不能以爵通者亦書人巴人江人黄人是也則此之兩書燕人皆與宋公齊侯衛侯並列豈非亦徐人介人或巴人江人黄人之類歟其後遂不復見則疑自執燕仲父之後誅其伐王之罪爲鄭所滅而亡矣先儒不悟乃以前戰稱人敗稱師爲說者皆失之也

杜預以燕仲父爲南燕而太史公燕世家云武王封召公于北燕夫有北燕則固有南燕矣而執仲父事乃通載之世家蓋攷之不精也譙周知其失則謂南燕爲姞姓而莫見其始封昭公三年始見北燕伯款出奔齊六年齊侯伐燕以款故也十二年齊遂以高偃帥師納北燕伯于陽卽款矣自是終春秋亦不復見以地攷之南燕常與宋衛俱見而北燕一奔齊而齊納之則南燕近宋衛在南北燕近齊在北所以爲別也北燕雖召公之後然國與狄鄰去中國遠能自守其國不與諸侯會盟

齊桓公北伐山戎反燕之侵地使修召公之政蓋以圖霸亦非燕人所欲故惟款三見于經而止而南燕蓋小國或用夷禮其後無聞無足怪也

凡敗績皆稱師不論將卑師衆也故雖君將大夫帥師皆言師敗績三傳不爲例獨穀梁于桓十三年曾及燕人戰書燕師敗績曰戰稱人敗稱師重衆也不獨施之此戰蓋凡敗績言師者皆以衆爲重此聖人愼戰之意也然莊二十八年衛人及齊人戰獨書衛人敗績成十六年晉侯及楚子鄭伯戰獨書楚子鄭師敗績敗不稱

師惟此兩見而已楚子不言師左氏言晉呂錡射共王中目公羊言王痍穀梁言敗自三家說皆同則穀梁所謂君重于師者也此與獲晉侯不言敗績同意蓋師雖重以君言之則又重故君將惟君親傷不言師而衞人不言師穀梁乃以爲貶齊桓公稱人故亦人衞人蓋春秋自因小白槩以爲義豈可衞無罪亦因之而人乎公羊以爲衞未得師亦非是未得師者未成師也未成師則詐戰矣公羊例凡敗績皆偏戰豈有偏戰而未成師乎以吾攷之凡春秋書伐不言勝敗者皆受伐者服罪

而不戰也伐而言戰惟此與哀十一年吳伐齊齊國書及吳戰齊師敗績獲國書與此爲二爾殆以服不服而志乎戰自此始故貶而謹之歟趙氏謂衞不服王命故異其文此亦近之然不悟此爲外戰之始若但以爲不服王命貶則其餘戰者豈皆服王命何不皆貶也書稱允釐百工庶績咸熙又曰乃言厎可績績之爲言猶績然用工多而效可必者也周官六功績不預焉六功者已事之成名而績者施爲之用也聖人之于兵亦已難矣教之以四時之田而攷之以三年之比人徒車輦無

一物不備其用干戈弓矢無一器不中其度而坐作進退亦無事不當其法然後出而用之則固無往而不可試夫誰與吾敵乎及其戰也皆期而後從事各盡其力以決勝負古者謂是爲前定之戰故其不勝也謂之敗績非爲前定或以詭道或以奇兵或攻其所不備或出其所不意則以爲詐戰詐戰非用兵之道也故夷狄不言敗績以其不在此例也

周官軍與師其制雖不同然如師有功則左執律右秉鉞以先愷樂獻于社之類則軍亦謂之師蓋師以人爲

主軍以車爲主方别于軍則名不得不異合之則通爲衆而已故或謂之大師或謂之六師而易之名卦亦言師不言軍春秋諸國帥師者多以卿然晉文公城濮之戰七百乘則三師共當五萬二千五百人鞌之戰郤克請八百乘又多于此豈二千五百人之謂乎則凡言帥師者亦軍也

穀梁于成二月云終時無冰則志此未終時而言無冰矣加之寒之辭也此穀梁見春秋三書無冰襄直書春無冰桓書春正月公會鄭伯于曹之後以爲蒙上文亦

畢春故云爾不知周春之終爲夏之正月東風解凍魚上冰自不應有冰則襄之所謂春者包正月二月而三月不預也安得言終時則志乎月令孟冬水始冰仲冬冰益堅季冬冰方盛水澤腹堅乃取而藏焉至孟春則冰釋矣故桓書無冰嘗上文正月則冰當堅而不冰也成書二月無冰則冰當盛而不冰也是所以爲異不書十二月無冰孟冬水始冰或未有冰猶有待于後也穀梁言終無冰若以季冬無冰則終無冰者是矣然繼之曰加之寒之辭其意乃以爲寒加甚而無冰則非也蓋

不悟襄書春無冰者不數月之意故必以時終爲例而
謂桓書于正月之後亦強以爲蒙春也
火與災三家爲例各不同左氏以人火曰火天火曰災
公羊以大曰災穀梁以國曰災邑曰火左氏見御廪亳
社皆言災而成周宣榭宣公之榭也獨書火故以天人
別之爲宣榭發也穀梁見凡國皆言災而陳亦國也爲
楚所滅獨書火故以國邑別之爲陳火發也凡春秋書
火惟此二爾公羊見凡國言火而獨此二書故槩以大
小別之而又疑御廪亳社小而亦書災故又爲內不言

火之論曰甚之也此各因文以生義書曰眚災肆赦以災並眚皆非人所爲若有天譴之鬼神禍之云爾故周官水火謂之大烖或謂之天烖烖即災也而古之言天變之害物者皆曰災則左氏爲得也

以師非王法也諸侯無軍教衛以贊元侯所謂教衛者以四時之田習武事教其民以自衛者也世治則諸侯各安其土無彊弱凌奪之患固無所事兵不幸有疑不協則請之天子天子爲之非時而會和解而盟焉有不服則方伯二伯以王命問罪而諸侯以其教衛之民從

也然春秋之時王政不行于天下諸侯更相侵犯天子不能正方伯不能討其因以滅亡者多矣則諸侯危亡有能救災卹患而相與爲援者君子或原情而許之也故失國而納被伐而救皆得與善辭其合他國之兵以濟其欲者自齊小白未霸以前但書主兵者以首罪未嘗皆書其所由合也惟宋人以齊人蔡人衛人陳人伐鄭魯以楚師伐齊蔡侯以吳子及楚人戰于柏舉三見書夫合他國之師而主兵與乞師于人而已用之其罪固不相遠何獨志于此三者蓋宋二王後而上公也魯

之所以者楚師也蔡之所以者吳子也自入春秋鄭與
戴之伐瓦屋與析之盟苟宋在焉皆以宋公居先是時
天下無霸宋公疑得當二伯之任而諸侯所聽從命焉
者也豈有二伯不能合諸侯以行天子之命而反以四
國之師而償其私怨者乎僖之二十六年雖齊小白已
死晉重耳未興而楚成王方敗宋師于泓有雄視天下
之意定之四年雖晉主夏盟定公不能有爲而吳闔閭
方與楚爭衡欲以力相勝僖公蔡侯乃恃夷狄之彊捨
中國而求之其罪又有大于宋矣此春秋挈是三舉而

特見也凡以兵未有不先乞師也以傳攷之諸侯固有更乞師者矣既不見以故亦略而不書而獨僖公之爲先見乞師則楚之故也至成公而連見晉乞師于魯者四其亦宋公之責歟晉見乞師而不見以爲內辭爾以之爲言制之在我也公子遂叔孫僑如逆女言以夫人至自齊自我爲之從己而歸也劉子單子力拒子朝而立猛言以王猛居于皇入于王城主之在我則從我而行也四國各有君而爲人所以與吳楚方恃其强而爲互諸侯之所以殆將著其制之在人者以愧四國之君

而抑吳楚之暴歟三家會莫論此而區區校之以義惡在其爲知經也

或問衞鄭衞朔皆嘗爲君而不書復同爲貶而不與之復者也然鄭得書歸朔不得書歸何也曰鄭當君者也若朔則非所當君者也雖以無道出其實衞君也其前歸固書復矣以其殺叔武再逐而復歸又殺元咺公子瑕其惡爲已甚故絶之不以其復然其道則不害其當君者也若朔則非所當君者也旣譖伋壽而篡之矣又假諸侯之力以奪黔牟天子令之而不受其道始終皆

逆雖嘗爲君而不當君者也當君者雖惡可言歸不當君者雖無惡不可言歸況有惡乎凡諸侯已君出奔而復歸國者五鄭忽也衛朔也曹襄也衛鄭也衛衎也鄭忽不能君見逐于祭仲曹襄無德乘軒者三百人見執于晉文公衛衎不君見逐于甯喜孫林父三人者一例故得書復歸鄭初歸亦得書復歸歸而有惡至于再逐然後奪其復此重輕之序惟朔終始皆逆非特不可與之復而其道有不可君自不與四人同科則當書爲入者也

左氏歸入例最爲牴牾不可用吾前言之矣而學者猶不能盡了或疑之不可不究其說凡善爲左氏附會者莫若杜氏也然二例杜氏委曲牽合尚不能一更爲二三況後學乎且曰凡去其國國逆而立之曰入杜氏成其說謂之國逆不知左氏之意通君臣言之乎止爲君乎若曰逆之而立此止爲君之辭則許叔入許齊小白入齊國人皆未嘗逆之也若曰通君臣則衛晉之入左氏自以爲衛人逆公子晉于邢蔡季之入左氏自以爲蔡人召蔡季于陳然皆不書爲入也逆者不書入不逆

者書入則何以爲例乎杜氏注惟莒去疾入于莒曰國逆而立之齊陽生入于齊曰爲陳乞所逆故書入與左氏合者二而已至于許叔入許則曰本不去國雖稱入非國逆例于鄭突入櫟則曰未得國直書入無義例于衛朔入衛則曰朔諸侯所納以國逆爲文朔以國逆告于小白入齊則曰二公子各有黨小白稱入從國逆之文衛侯入夷儀則曰自外入非國逆之例夫辭一而或曰非國逆例或曰從國逆例或曰無義例或曰以國逆告則又何以爲例乎三家之謬未有甚于此者其曰諸

侯納之曰歸此亦但見自外有奉者皆書歸故云爾不知春秋書歸納不同諸侯納自正書納不書歸也以惡曰復入此亦但以魚石欒盈爲說不知捨此二人如入于某以叛謂之惡而已乎惟復其位曰復歸一語差近然亦未嘗別其爲君之辭此皆畧聞其意而不盡使誠知復其位爲復歸則豈不知歸之爲無位亦迷之甚矣

蔡叔盟于折許叔入于許蕭叔朝公此三叔者三家多不言其義惟許叔爲許莊公之弟則見于左氏所記事矣杜預范甯皆謂蔡叔爲大夫而以叔爲名何休以蔡

叔爲蔡侯貶而從字例許叔穀梁謂許之貴者何休謂春秋前失爵從字例蕭叔杜預謂附庸國亦以叔爲名穀梁謂微國之君未爵命者此皆不明先王之制而妄意之也古者天子之子稱王子孫稱王孫諸侯之子稱公子孫稱公孫王子王孫公子公孫皆氏爲大夫然後得以其氏見經則王子瑕王子朝與凡以公子公孫見者是也此皆天子諸侯之同姓若乃異姓之大夫五十稱伯仲各以其氏見則南仲仍叔之類是也若天子與諸侯之叔父出封爲侯伯或附庸或有食邑者不可槩

曰王子公孫則各以國邑而繫之字焉吾何以知之周法叔凡以字稱者伯仲季之外皆稱叔故文王之弟號仲其次爲號叔而武王以伯邑考爲兄則武王爲仲其次自管叔周公蔡叔霍叔康叔曹叔皆爲叔而其末惟聃季一人而已唐叔虞稱唐叔自成王言之也今見于傳者許叔爲莊公之弟鄭伯封之許西偏爲許附庸則蕭叔蔡叔者非宋公與蔡侯之弟而有封邑者歟左氏謂蕭叔爲蕭大夫蓋附庸自别于宋者故以蕭稱則蔡叔宜爲有邑而未成國者也許叔既復許而有其故封

則自應稱許矣杜預皆以叔爲名固失之而何休或謂未爵之君或謂諸侯貶而從字例者皆無據而妄言之也

衛侯朔出奔事公羊穀梁各不同公羊曰得罪于天子見使守衛朔而不能使衛小衆越在岱陰齊屬負兹舍不卽罪此文殆難曉其意若云天子使朔守衛之正朔使起小衆不能令而散越于齊岱陰之間又稱疾止不卽朝以請罪云爾穀梁直曰天子召而不往蓋全不知仮壽事而妄意之左氏他言雖亦未可盡據獨此與詩

二子乘舟略相爲終始甚爲得實二氏惟不見其本故
于後諸侯伐衞雖知其爲納朔而以相繼書王人子突
救衞前諸侯皆稱人是故或以爲辟王或以爲逆天子
之命但據文推之爾以此見二氏凡爲說初未必皆有
所傳授使有所聞雖不得其事亦自不失其義也
蔡季自陳歸于蔡公穀皆無文左氏謂蔡桓侯卒蔡人
召季于陳其字蓋嘉之也亦不目其事而杜預以爲桓
侯無子召季而立之季内得國人之望外有諸侯之援
故書字以善得衆稱歸以明外納不知其何據陸淳因

之遂以季爲義而後取非如當時之歸國者或謀殺或奪正或本非當立或國人不順惟蔡季入繼之善美而字之審如是則蔡季蓋當君矣攷于春秋桓侯卽封人自封人卒惟莊十年見荆敗蔡師于莘以蔡侯獻舞歸則季當爲獻舞獻舞爲人之賢否雖終始未必全然自封人卒至獻舞敗纔十餘年不應所行頓異如此左氏本不言立季自杜預附益之衛宣公之立雖無以善其後方初爲國人所推春秋猶書衛人立晉以表之季若果如預所言經安得但美其歸而不記其立乎惟何休

言蔡封人無子蔡季當立封人欲立獻舞而疾季避之陳封人死反奔喪思慕三年卒無怨心故賢而字之若然季與獻舞自兩人雖亦莫知其何據而太史公爲蔡世家及諸侯年表封人後即見獻舞無所謂季者當東漢時先秦遺書尚多何休必有所自經既與紀季同得以字見屬辭比事季之賢必有取于春秋吾固以預爲妄而休得實也

凡諸侯之兄弟見于春秋有以爵正之者則舉氏稱公子有以恩責之者則舉屬稱兄弟有以貴尊之者則舉

字稱叔季書稱管叔蔡叔唐叔虢叔詩稱鄭段叔于田序詩者稱弟叔失道而公弗制之類蓋古者天子諸侯之兄弟以貴爲尊者皆舉字而春秋或正之以氏或責之以屬以示義必有與焉然後以字見此紀季蔡季許叔蔡叔之類所以稱字歟何以知之楚比靈王之弟也陳黄哀公之弟也楚比歸而預乎弑故始書公子比出奔晉至其復也書楚公子比自晉歸于楚公子云者正之以屬也陳黄以讓出既直而得歸故始書陳侯之弟黄出奔楚至于復也書陳侯之弟黄自楚歸于陳陳侯

之弟云者責之以恩也若紀季之以酅後紀許叔之復其國蔡叔之預乎盟皆在所與而舉字蔡季以爲三命之大夫則當氏而稱公子責蔡侯之不能撫以恩則當書蔡侯之弟今獨以字見則固有可與如紀季許叔蔡叔者也慶父之弑子般公子友出奔陳不書而其復也書季子來歸不書其奔以別乎凡有罪而失位者也其歸書季子以見其所貴書歸以見魯人之所喜蔡季不與楚比陳黄同書出奔而與魯季同書歸然則蔡季之事不可見矣而春秋之義則當與魯季同也左氏以爲

嘉之蓋得經書季之意而失其事杜氏遂以爲獻舞謬矣或曰封人欲疾害之而不書屬以責之何也方論蔡季之善則封人之惡有不能並見謂封人爲不足深責而季爲不可掩則寧捨封人而錄季以著其重此春秋之義不以其人也故曰權然後知輕重度然後知長短

蔡桓侯卒吾固以爲蔡臣子之罪學者不知諸侯通得稱公之義遂以一蔡侯之故盡以春秋書公爲僭斯亦過矣然攷之史記蔡君歷春秋者十有三而見經者七蓋卒有赴不赴也如文公景公靈公昭公經皆書公左

氏皆書侯至他國則無不稱公未有舉爵者何蔡而獨
異乎意國俗各不同蔡人在其國中或但以爵稱其君
赴則改而從衆至桓侯併赴不改以見其無禮文之至
春秋因書以著其實爾
桓公之死左氏記其事但言公會齊侯于濼遂與文姜
如齊齊侯通焉公謫之以告齊侯享公使公子彭生乘
公公薨于車魯人以告于齊曰寡君畏君之威不敢寧
居來修舊好禮成而不反無所歸咎惡于諸侯請以彭
生除之齊人殺彭生初不言文姜預聞乎弒也至公羊

言夫人譖公子齊侯公曰同非吾子齊侯之子也齊侯怒與之飲酒于其出焉使公子彭生送之于其乘焉搚幹而殺之明年夫人孫于齊猶以爲在齊曰念母以首事不稱姜氏貶其預弒公也穀梁不書其事而謂接練時錄母之變始人之不言氏姓貶之也二氏蓋皆以文姜爲預弒桓公而以齊襄公首惡故于其葬公羊曰賊未討何以書葬讎在外也讎在外則何以書葬君子辭也穀梁曰君弒賊不討不書葬不責踰國而討于是也吾謂二氏之迷亦甚矣夫弒者責臣子之名也以夫人

爲預弒則夫人之罪重于齊侯桓公可名以弒葬不葬在夫人之討不討而不在齊以夫人爲不預弒則齊侯之罪重于夫人桓公可名以讎葬不葬在齊之討而不在夫人今名之以弒而以齊侯讎在外不責踰國而討不亦謬乎正以齊首惡不以爲弒父之讎不共戴天亦安得以在外踰國而不責其討推其說蓋二氏皆不見事本末不知魯已嘗告于齊殺彭生而臆言之爾且公羊言莊公正月文姜猶在齊以春秋書孫爲念母此固陋矣而謂譖公言同非吾子齊侯之子公怒與之飲酒

而殺公且莊公之生文姜已嫁六年未嘗如齊安得此
疑此蓋認詩猗嗟之言而附會之是公羊既不知桓死
之因又不知齊已殺彭生又不知夫人嘗已歸而復孫
宜其說之妄也歷世諸儒未有言此者故吾謂春秋書
桓葬蓋以魯嘗請于齊殺彭生爲賊已討則左氏之言
得實桓既以討彭生得葬則夫人爲不預弑明矣桓公
之死可責以讎不可責以弑若以文姜爲實弑而子無
討母之義以彭生當之則是縱失文姜之惡而假彭生
以當之非春秋斷獄之道也夫文姜之事不幸而成有

天子在上固王法所不容不然春秋必有以處之非二氏所及也桓書公之喪至自齊僖書夫人之喪至自齊以至書者告廟也蓋公與夫人之喪至則告廟宣書仲遂卒于垂成書公孫嬰齊卒于貍脤皆不書喪至不告廟也蓋大夫之喪至則不告廟然則齊人歸公孫敖之喪此豈以告廟書歟蓋敖弃齊位已絶矣復之爲大夫與見爲大夫者異則不得不告而特變文不言至言齊人歸之者蓋所以告者以歸不以至爲重也

春秋攷卷八

春秋攷

卷八

三朱攸校

春秋攷卷九

宋　葉　夢　得　撰

莊公

單伯逆王姬此魯附庸之君入其國爲孤卿所謂公之孤者也單國也伯字也以五十里稱字與邾儀父同左氏誤作送王姬遂以爲王之卿如祭伯然果爾卽當書天王使單伯送王姬杜預以爲旣命魯爲主故不言使非是劉夏逆王后于齊謂其過我非魯事也故不言使魯雖主王姬何嫌于使而反與劉夏同乎左氏旣失之

于此故後單伯如齊齊人執單伯亦謂之王卿士議者謂自文四年踰今蓋百餘年不應其壽考及此亦非是果爲王卿士其子孫或有世官者未可以是論之也此蓋魯單伯之子若孫也公羊穀梁得經之正文以送作逆故皆云吾大夫之命于天子者僅得之而未盡凡魯大夫以君事執于他國皆致季孫行父執于齊經書舍之于苕丘而不致後書公至自齊蓋與公同致故舉重也單伯執非其罪故書單伯至自齊不然王卿士見執而舍自當還京師魯何由致之乎

單伯見經者六莊元年單伯送王姬十四年單伯會伐宋單伯會齊侯宋公衛侯鄭伯于鄄文十四年單伯如齊齊人執單伯十五年單伯至自齊左氏于送王姬不爲義而于會伐宋曰諸侯伐宋齊請師于周單伯會之于執單伯曰襄仲使告于王請以王寵求昭姬于齊單伯如齊請子叔姬蓋謂單伯爲王臣也故杜預從而推送王姬者亦爲王臣惟公羊穀梁經文送王姬爲逆王姬故二氏皆謂吾大夫之命于天子者也以經攷之當以二氏爲正凡王臣出臨盟會征伐之事皆不言會如

宰周公劉子之會葵丘平丘召陵尹子單子劉子之盟
柯陵雞澤平丘尹子單子之伐鄭皆直序諸侯之上蓋
會者以別內爲志之言也諸侯之志自魯言之則或外
或內不同而天王則無彼此之辨以王命臨之而已故
公與內大夫可言會王臣不可言會此理之甚明者也
左氏惟不知送字文誤故不爲說而于伐宋如齊言之
不知齊自乾時之戰後未嘗與魯通前年爲柯之盟始
釋憾故以大夫往會伐左氏既不能攷之于經又不能
攷事之序妄意以爲然故于伐宋爲齊侯請師于周之

言于如齊爲襄仲請命于王之說甚矣左氏之好誣也至于至自齊知其不可通則又設爲之辭曰齊人許單伯請而赦之使來致命書曰單伯至自齊貴之也齊人來歸子叔姬王故也使誠齊以王故而歸叔姬單伯則可貴矣何預于告廟乎

白虎通父没稱子某屈于尸柩也既葬稱子者卽尊之漸也踰年稱公者緣臣民之心不可一日無君終始之義不可一年二君故踰年卽位得臣民之心也二年然後受爵者緣孝子之心未忍安吉引韓詩内傳諸侯世

子三年喪畢上受爵命于天子乃歸即位爵天子有也臣無自爵之義也童子亦當受爵命使大夫就國命之不與童子爲禮也此雖無見于經以理致之古者交際之道必待成人而後與之爲禮未成人生謂之童子死謂之殤殤與童子皆不得用其正禮故二十而冠巳冠而字尊而不名見于母母拜之見于兄弟兄弟拜之然後以摯見于鄉大夫鄉先生以立端奠摯于君而爲人子爲人弟爲人臣爲人少之道可以責之矣蓋未成人雖此四者不以責也而況天子之尊而下與之交際乎

襄公即位纔三歲免喪當五歲此决未能朝者然春秋不書錫命蓋以爲常禮而不書則白虎通之言爲有證矣

韓詩之言鄭氏取之載于瞻彼洛矣注以爲諸侯喪畢見王以士服王錫之命圭韍冕然後歸以臨其民韓詩今亡矣而士服見王之禮非白虎通所載蓋必有别見者矣其説以韎韐有奭爲始來朝之服鞞琫有珌爲王所賜之飾按士冠禮爵弁服韎韐蓋正士之服豈以是推之歟

會諸公皆不書免喪朝王之事惟莊公書王使榮叔來錫桓公命文公書天王使毛伯來錫公命成公書天子使召伯來賜公命凡三見桓公未嘗朝王受命而追錫之文公未終喪朝王而先錫之成公非有功德而加賜之皆有爲而書則其爲諸侯不書者豈皆朝而受命以爲常事故不書歟杜氏注毛伯來錫公命云諸侯即位天子賜以命圭合瑞爲信以左氏所記周公忌父王子黨會齊隰朋立晉惠公明年王使召武公内史過賜晉侯命爲證不知此與文公之失一也而遂以爲禮乎然

諸侯之有功德者有時而加命則與此異矣如王使召伯廖賜齊侯命王命尹氏及王子虎內史叔興父策命晉侯爲侯伯之類則王制所謂三公一命卷若有加則賜者也有來朝而賜者有就賜者皆謂之錫命就賜如上齊侯來朝而賜之則如詩韓奕美宣王能錫命諸侯采菽刺幽王諸侯來朝不能錫命以禮其施各有當而穀梁乃以爲禮有受命無來錫命别錫命皆以爲在外此亦得之而未盡也

王制三公一命卷若有加則賜也不過九命次國之君

不過七命小國之君不過五命而不言大國蓋冕三公之服也其出封加一命卷賜上公九命之服所謂有加則賜大國也自三公推之卿六命其出封爲侯伯則毳冕加鷩冕七命之服大夫四命其出封爲子男則希冕加毳冕五命之服猶三公之加衮所謂不過七命不過五命者卿不越而封公大夫不越而封侯伯也與周官稱五命賜服七命賜國者同此禮之言出封之賜者也乃春秋之言賜命則與此異春秋之諸侯固已出封矣始卽位而天王各錫之以所應服之服謂之錫命非賜

命者其曰賜命者蓋加之以非所應服之服而不進其爵何以知之晉文公獻楚俘于王王命內史叔輿父策命晉侯爲侯伯賜九命作伯上公之服也然文公猶稱侯而不言公其爵未之有加也蓋所謂命者服也非爵也書曰天命有德五服五章哉蓋由爵以辨爵則爲爵之命此大宗伯所謂九儀之命正邦國之位者也由服以辨爵則爲服之命此典命所謂諸侯之五儀諸臣之五等之命而其事則宮室車旗衣服禮儀者也故司士言以德詔爵以功詔祿以能詔事以久奠食而繼之言

惟賜無常司士之所詔者常也王之所賜者無常也然則成公言天子使召伯來賜公命其亦自七命侯伯之服而加九命上公之服歟晉文公加上公之服而作伯者也成公加上公之服而不作伯者也此又其錫與賜之辨

周官典命上公九命侯伯七命子男五命其國家宮室車旗衣服禮儀皆眂其命數爲節此先王五等諸侯之辨也自堯舜以來敷奏以言明試以功車服以庸凡賞諸侯未嘗不以車服爲差諸侯之服則司服所謂公之

服自袞冕而下如王之服侯伯之服自鷩冕而下如公之服子男之服自毳冕而下如侯伯之服者是已其車則巾車所謂王之五路金路鉤樊纓九就建大旂以賓同姓以封象路朱樊纓七就建大赤以朝異姓以封者是已服有三等而車則但以金路象路分同姓異姓皆一等其所以别者則大行八所謂貳車九乘七乘五乘者先儒謂金路象路旣以封皆得自乘然不應皆得全同天子則其飾天子金路鉤樊纓九就建大旂象路朱樊纓七就建大赤疑亦有所降殺下及于革路龍勒條

纓五就建大白木路前樊鵠纓建大麾者許男卒于師左氏言諸侯卒于朝加一等卒于師加二等于是有以袞斂謂許以男爵加二等得與公同服故言以袞斂則諸侯有功德而加命者亦鷩冕者得服袞冕貳車七乘者得九乘之類歟此但增其車服之命數非遷其爵也晉曲沃武公誘殺小子侯滅翼未得自有晉也其大夫爲之請命乎天子之使見于詩曰豈曰無衣六兮豈曰無衣七兮六者天子之卿七者出封爲侯伯者也故傳言命武公以一軍爲晉侯周孝王以非子能服西戎邑

之于秦以爲附庸至襄公當犬戎之難以兵佐周東遷
平王賜之岐以西之地始爲諸侯受顯服其大夫作終
南之詩以美之此皆始封爲諸侯者也魯僖公能遵伯
禽之法牧于坰野魯人尊之季孫行父請命而史克爲
之作頌此有功德而加命者也然而王使榮叔來錫桓
公命天王使毛伯來錫文公命天子使召伯來賜成公
命皆見于經而僖公獨不見何也凡春秋合禮則以爲
常事不書桓不朝而追命此皆禮之不宜有也故書若
僖公之見于頌者固禮之所得賜而不書也乃齊小白

之霸天子使宰孔賜大路龍旂九旒渠門赤旂晉重耳
之霸天子使尹氏賜大輅戎輅彤弓矢玈弓矢秬鬯虎
賁此命之爲侯伯所謂八命作牧者雖爲加命而非曾
事故春秋亦不書然則春秋錫命賜命凡三見桓公文
公自卽位之禮而加賜者惟成公僖公一以無功德非
禮而書一以有功德合禮而不書可見春秋之法也
遷滅三王之刑也齊而遷紀郱鄑郚則不可矣舜典言
竄三苗于三危而皐陶謨謂何遷乎有苗則舜亦遷矣
成王東伐淮夷遂踐奄將遷其君于蒲姑周公告召公

作將蒲姑孔氏謂成王即政淮夷奄國又叛王親征之以其數反覆遂滅奄而徙之此成王之遷也然謂遷其君則不得言滅但徙其地如三苗之于三危孔氏言之誤矣宋人遷宿齊人遷陽此亦存其君長而徙之者也但諸侯所不得爲故見貶焉至淮夷則滅之矣周官言成王既黜商命滅淮夷豈惟成王爲然孟子言及紂之身天下又大亂周公相武王誅紂伐奄三年討其君驅飛廉于海隅而戮之滅國者五十蓋紂之末王政不行諸侯習于亂者衆矣征葛戡黎伐崇湯文所不能已至

武王得天下而有不盡服者雖滅國至于五十而不嫌于多焉此非春秋諸侯之謂也滅國罪矣又有會諸侯而遂滅者會滅罪矣又有以其君歸而殺之者夫安得而不正之哉故遷滅雖三王之刑而不可行于春秋大司馬九伐之法內外亂鳥獸行則滅之而無所謂遷者蓋伐得之而後遷非以師直遷尤以見先王之慎乎遷人非如有苗與奄亦不爲也

禮諸侯女嫁爲夫人父母在歲一歸寧父母沒使人歸寧所以遠嫌也泉水之詩言衞女父母終思歸寧而不

得載馳之詩言許穆公夫人思歸唁其兄于義不得是也桓公之禍自濼之會與文姜如齊者始固無可言矣爲莊公者既不能訴于天子以討齊罪又不能以義正文姜反使孫于齊自人道言之忘父雠而縱母淫蓋禮義之所不勝責也春秋不書夫人之歸而見會齊侯于禚于防于穀者三中間如齊師者有焉饗齊侯者有焉而未嘗一加之辭以爲貶蓋春秋禮之大經也凡禮之所著有刑名分守見于言辭動作之間昭然不可違者天下孰不與共由之違之斯罪矣但著其實所謂不待

貶絕而自見也故夫人會饗如師未嘗不正齊侯而書之至公及齊人狩于禚則書齊人而不書齊侯與公狩者豈微者哉乃齊侯也而人之是猶可責以禮義者人齊侯所以人公也季氏富于周公冉求爲之聚斂而附益之子曰非吾徒也小子鳴鼓而攻之可也宰予晝寢子曰朽木不可雕也糞土之牆不可杇也於予與何誅夫聚斂與晝寢其過一也何求猶將論其罪而予遂絕而不得錄歟蓋聚斂雖貪其餘猶可與爲善乃晝寢則凡爲善之道皆廢矣此孔子于春秋輕重予奪之辨也

今不以夫人人齊侯而以莊公入齊侯夫人尚可與立于天地之閒歟故詩齊風五篇南山敝笱載馳爲襄公文姜作者三猗嗟爲莊公作者一皆斥言齊子而以魯道有蕩見之至莊公則徒言其有威儀技藝此所謂是儀而非禮者也詩人之情怨而卒歸于恩故以恩掩義而刺之者猶將使聞而知所反春秋之道嚴而卒歸于義故以義掩恩而絶之者遂將使不得見夫然後天下後世所以立人道者深而望人倫者厚也

文姜與齊侯爲會者三莊公不能禁春秋正齊侯之爵

而書之其絶之固已深矣而莊公之末復與杞伯姬爲洮之會則其初尚可以禮義望之哉方是時公子友見而不能正可謂國無人矣伯姬以二十五年歸杞子叔姬者公子也不言子者姑姊妹也公立二十五年而伯姬始嫁亦已晚矣後二年而爲此會夫豈以父母亡而不能歸寧故歟然以春會而冬見伯姬來則歸寧矣繼書杞伯來朝同在一歲之間杞于桓二年以侯見至是而稱伯意伯姬既嫁杞侯習用夷禮有不當者公絶而不得歸故求爲會以請公公許之來而杞伯亦從而朝

比事攷之宜然洮之會非褅之會未可以齊侯文姜責公與伯姬也乃其違禮則一矣故其辭一施之此可以見春秋之愛禮者如是其嚴不以異事而少假之也禮夫人有饗諸侯之禮而無會諸侯之禮蓋會天子不時見諸侯之名諸侯僭之固已非矣而況夫人乎而記禮者言非祭男女不交爵以此防民陽侯猶殺繆侯而竊其夫人故大饗廢夫人之禮鄭氏言同姓議者謂王饗諸侯與諸侯自相饗后夫人與亞獻特同異姓不同爾大宗伯大賓客則攝而載祼謂異姓也内宰凡賓客

之祼獻瑤爵皆贊謂同姓也瑤爵夫人之器蓋同姓則后夫人親獻異姓則使攝獻由是言之周之盛時夫人有饗同姓諸侯之禮矣蓋諸侯朝聘其致飧致饔餼相與爲好者后夫人無不同是以禮成而饗者亦如之自陽侯而廢不知始何時而文姜會齊侯施之祝丘古者犧象不出門嘉樂不野合竊諸侯之僭禮而施之齊侯旣不勝誅矣又況竊先王之遺禮而爲之乎故終春秋夫人之饗纔一見三家者以雍徹孔子猶謂之不仁曰人而不仁如禮何人而不仁如樂何若文姜豈特不仁

而已乎會而不已至于如師如師不已至于饗此春秋
所以歷著而不少假也
君子不貴人以有過而貴于改過所以成人之美而去
其惡也故曰人誰無過過而能改善莫大焉所惡于過
者爲其怙終而不悛也是故春秋謹之文姜之罪自桓
弑而書孫于齊則已極矣此于王法所當誅而不得存
者也然子無絶母之道則義有不得不見故但沒其歸
以著魯人之意然未幾覆出爲惡而會齊侯于禚則終
不可爲之隱也故繼書如齊師饗齊侯于祝丘會齊侯

于防會齊侯于穀如齊如莒斥齊侯而正言之所以見其惡極而不可掩也自七年會于穀之後小白即霸矣使小白而申王法猶當追治其罪而一正之與哀姜等事旣連襄公則小白所以不可爲也文姜雖免于小白之誅而不能免于春秋之誅是以盡其辭而著之與親加其身者無異矣昭公始以少姜之喪如晉固已喪其爲國君之道矣平公却而謝之曰非伉儷請君無辱不得見而還自有心者言之有不勝其恥者宜無以見其國人而昭公不愧也及平公死昭公立又往朝焉復以

莒人之愬而辭亦可以巳矣其明年平丘之會不與盟而又朝復以邾莒之愬而辭至于二十一年又朝復以鮮虞之役而辭則昭公自棄其身而忘其國者葢如是也故連四書公如晉至河乃復揭公而著之不畧爲之辭至二十三年公如晉至河有疾乃復後見有疾則前爲無疾而拒之不納也夫安有堂堂七百里之國與南面之君並列于五服而爲人賤之若此者乎使昭公當少姜之辭能慨然歸而修其國政以自取重于霸主則春秋必有爲之諱而不書者矣一辭之不恥至于四則

雖拳拳有愛君之心將何所施之哉故亦盡其辭而歷見之也易曰惡不積不足以滅身文姜之謂也孟子曰無恥之恥無恥矣昭公之謂也故春秋有不怒之威不殺之刑于文姜昭公見之矣

孟子對滕文公之問處乎齊楚之間竭力事之而不得免者先鑿斯池也築斯城也與民守之效死而民弗去則是可爲也其意以爲民與吾共守則吾可守民不與吾共守而吾強守焉則是以所養人者害人故以太王去邠之事言之以爲非擇而取之不得已也如是則諸

俟有去其國之道矣其後復言或曰世守也非身之所能爲也效死勿去其意以爲民雖去吾不可以不守雖死焉而不避也是二者孟子之所不能決也以禮攷之國君死社稷大夫死衆士死制此道之常而不可易也故國君去其國止之曰奈何去社稷也大夫曰奈何去宗廟也乃王政不行于天下強陵弱衆暴寡有如齊楚之于滕者徒鬬其民則不可身死國滅而喪其宗廟亦不可孰若爲太王之爲以待其後世之子孫乎故曰苟爲善後世子孫必有王者矣君子創業垂統爲可繼也

此春秋所以與紀侯大去其國者歟若孟子可謂知春秋矣且孟子豈不曰域民不以封疆之界固國不以山谿之險威天下不以兵革之利得道者多助失道者寡助多助之至天下順之寡助之至親戚畔之然不以是告滕文公而及太王事人之爲人者以其有理義之心也其心存焉則理義爲可行也乃仁不足以存惻隱義不足以起羞惡彼自喪其本心者惟志乎得而已此之謂踰閑蕩檢非人者吾獨可以理義期之乎春秋之時晉楚爭霸鄭介于其中自鄭伯逃盟以附楚諸侯共討

之鄭之不能自立久矣犧牲玉帛待于二竟惟强者之從襄之八年楚子囊伐鄭討其侵蔡子駟子國子耳則欲從楚子孔子蟜子展則欲待晉子駟曰民急矣姑從楚以紓吾民晉師至吾又從之敬共幣帛以待來者小國之道也子展曰晉君方明四軍無闕八卿和睦必不棄鄭楚師遼遠糧食將盡必將速歸何患焉子駟卒從楚而辭晉晉人來討鄭行成而晉人盟于載書曰鄭國不惟晉命是聽而或有異志者有如此盟子駟改之曰鄭國不惟有禮與强可以庇民者是從而敢有異志者

亦如之晉人不能奪也其後雖爲蕭魚之會而或晉或楚更相去來二國終莫能定此楚共王晉悼公之爲也由是言之苟理義爲未亡雖共王悼公且不敢滅鄭而齊僖公之于紀則異是紀既無賢臣與之共治齊鄭襲之而不得遂併取其郱鄑郚三邑則理義之爲不可期也請酅以季後焉而去之使紀季能有立乎則所以復齊者固未晚如其不然雖吾死焉而國遂亡亦何益于紀此孟子所謂若夫成功則天者也紀侯蓋知之矣此非齊紀之論僖公紀侯之論也使僖公能如共王悼公

之于鄭則紀侯亦何必去惟達理者爲能觀時而不違其道惟知道者爲能順便而不失其政故吾以孟子爲知春秋也

或言王人子突救衛吾謂救非王之道周官大司馬救無辜伐有罪則救亦王道焉安得爲非乎此非子突之謂也方四國黨朔欲以兵共納若王不失其爲王則伐四國而討有罪朔自不得納矣何待子突之救今不能伐四國而徒救黔牟此吾所以言非王之道也雖然吾非不知伐四國四國之強非王師之所能加故不得已

救黔牟猶愈于不救則捨伐而爲救此春秋所以原其情而子突得見褒也

周官大司馬春教振旅遂以蒐田夏教茇舍遂以苗田秋教治兵遂以獮田冬教大閱遂以狩田此因四時之田以講武事各推其事以爲主也左氏載臧僖伯之辭旣曰春蒐夏苗秋獮冬狩又曰三年而治兵入而振旅此蓋大比會六鄉四郊之吏平教治正政事考夫屋及其衆寡六畜兵器以待政令者故春秋凡書蒐皆謂之大蒐然則莊公書春甲午治兵亦豈止以失時故歟左

氏載楚子使子文治兵于睽則將以圍宋也子庚帥師
治兵于汾則將以伐晉也晉侯蒐于緜上以治兵則以
命諸將也若此之類蓋凡有事而習戰皆先治兵則非
秋獮之所爲必矣而左氏乃言春治兵于廟禮也禮無
有治兵于廟者正使得治于廟此于周爲冬事而春與
之亦安得爲禮乎治兵不地以即地之也其非在廟尤
可見矣公羊以爲俟之矣故春秋爲之辭曰吾將以甲
午之日治兵于是意不以屬下文若以陳蔡别爲一事
圖師無名而出出而淹久者亦多矣未爲大惡亦何必

諱而爲之辭乎

郕降于齊師齊人降鄣此其罪一也而文不同降者對叛之辭也有叛而後有降周官大司馬九伐之法負固不服則侵之先儒以密人不恭敢拒大邦爲說以爲不服事大此附庸或已邑或方伯連帥之所統有所繫屬而不服者則必請之王而伐焉服罪而後降之故環人環四方之故降圍邑實居其一此王政也諸侯各守其封土不相爲叛服則無降諸侯而擅納降皆罪也齊人降鄣不言叛直見以衆暴寡而力脅之則曲自著矣若

郕降于齊師前旣言我師及齊師圍郕矣不可復言齊師降郕又無以别降于齊不降于我不得不隨事變文然言降于齊師不言降于齊是亦以力脅之也正使不以力脅之而自降非我封土尚不可納況以師乎

失地之君與避罪之臣出奔諸侯相與爲援以兵强返于其國者春秋皆以納書之納之爲言入之自外而非其内之所欲者也然亦必視其正不正焉納其所當納者正也雖不能納皆得以納見納而不當納者不正也雖能納之皆略而不書故納子糾納頓子納北燕伯于

陽納衛世子蒯聵非其所當君則必嫡而宜繼世者郤
捷菑雖不正善其不克納猶得見納陳之公孫寧儀行
父則與其君朋淫而致禍階者也靈公之弒雖能訴于
楚以討夏徵舒然亦得以納書之則無已過乎古者父
之讎不與共戴天君之讎視父故春秋君弒賊不討不
書葬以爲葬生者之事也君弒而賊不討是無臣子也
雖葬猶不葬焉其責于臣子者如是其嚴然弒君二十
五討而得葬者纔三人衛桓公齊襄公而陳靈公居其
一焉蔡景公許悼公之得葬春秋之義而非以其能討

也晉惠公能殺里克而卓不得葬衛獻公能殺甯喜而剽不得葬以其殺之者非以罪討也由是而言陳靈公之弑陳不爲無臣子未有一加誅于夏徵舒者寧儀父雖從君于惡其力能援强國以復君讎豈不足重愧當世之臣子況不能討賊者哉楚子之納二人固未必能權以義而春秋之意以爲靈公君臣相與爲謔而病徵舒二人初不期于君之弑也使知之亦未必肯爲矣乃陳之臣子孰非食其君之祿者不能討徵舒而二人獨討之則所以事其君者舉陳國之人皆不若也逢君之

顯其罪小復君之讎其功大非春秋誰能辨之左氏以納二八爲有禮吾固未知其說而穀梁乃以爲輔人之不能民而討猶可入人之國制人之上下使不得其君臣之道不可反以此爲非蓋不知二八訴于楚之事而槩以内弗受之意推之豈不知書納者春秋之所與乎吾故以爲不得于事則求于義孰謂穀梁而不達此也凡納君納世子納人君以納見者皆與其納者也納非諸侯之所得爲也而春秋何以與之國君世子失國大夫失位天子不能正也而鄰國之諸侯有能納之者義

不得不與猶之封也是亦所謂實與而文不與吾何以知之衛朔攘伋壽而取其位義不可以得國者也而諸侯拒王命而納之故不書納而書伐齊昭雖受命于小白以屬宋而庶長有無虧在宋襄公强與齊戰而納昭故不書納而書戰此義所不得納者也納而當但正其名上不繫國下不見國以爲國者固其國不待書而可知也春秋得正其辭惟齊子糾一人而已故書曰伐齊納子糾上不言齊子糾下不言納子糾于齊以力致之者也然有善不善焉惟其義之所在如九江納錫大龜

之類此納之善者也納郜鼎于廟之類此納之不善者也今義不可納者旣不得以納見則凡書納者固無不善矣而公羊以納爲入辭誤矣凡入未有善者也故通謂之逆辭豈納之謂乎穀梁槩以爲內弗受此施之郜鼎可也而不可施之國君世子彼內受則弗納矣春秋所主不在受不受也然而納頓子于頓納北燕伯于陽此國君也納衛蒯聵于戚此世子也何以上繫國下見國乎頓子北燕伯國君不繫國則無以名矣頓子見于頓者以別于圍陳嫌也北燕見于陽者未得北燕也衛

蒯聵則輒在内國已有君也春秋將别蒯聵正輒不正不可曰公子蒯聵故取其君在稱世子之名挈衛以表之與鄭忽蔡有同辭所以正輒也其曰于戚則亦未得衛之辭也然則邾捷菑不正者也何以亦書晉人納捷菑于邾乎蓋欲見弗克納之爲正則不得先見納捷菑也若公孫寧儀行父則從君于亂者也君弑而出奔其位已絶矣自不得繫之陳爲其能求援于外討賊而復君讎以愧陳之臣則雖使復位可也則不得不見陳不然上不繫國下不見國則納之安往乎皆有爲而言之

此吾所謂春秋與其納而得正其辭者惟子糾一人爾凡內戰言戰于某皆不書敗績言敗某師皆不言戰左氏于莊十一年發例曰凡師敵未陳曰敗某師皆陳曰戰大崩曰敗績是未嘗知內外之辨也春秋內曾而外諸侯內辭未嘗不與外辭異況兵之勝敗乎今書及某師戰于某者三乾時也奚也升陘也敗某師于某者七在公者五菅也長勺也乘丘也鄑也偃也在內臣者二酈也蚡泉也惟乾時之戰言敗績內戰書戰則不書敗書敗則不書戰戰與敗別而爲二辭至于外戰槩書某

師及某師戰某師敗績在彼書彼在此書此合而爲一是豈無意哉公羊穀梁以戰于某爲內敗以敗某師爲內勝內敗諱不言故或曰內不言戰言戰斯敗矣或曰內諱敗舉其可道者也內勝舉其重故公羊皆不爲說而穀梁曰內不言戰舉其大者也庶乎其知經矣然穀梁猶以敗某師不日爲疑戰疑戰而曰敗勝內也則近于左氏所謂敵未陳曰敗某師者蓋拘于日不日之例也且左氏言宋侵我公禦之宋師未陳而薄之敗諸鄑此未必有實特不知內辭之異但見文直曰敗某師故

意之云爾酈之役書壬午公子友帥師敗莒師于酈獲莒挐此書日者也穀梁以爲公子友屏左右與莒挐相搏取其寶刀孟勞殺之故書獲莒挐以惡公子之紿若是則疑戰矣何以反書日乎日不日固無足據也何以知言戰之爲敗也乾時之戰巳自言敗績而升陘之役又我敗邾人獲公冑懸諸魚門而兩戰皆敗矣故敗某師或言公或言內臣而戰于某皆止言及而没公非以敗爲恥乎乾時之戰獨言敗績者此又春秋之異文不可以常例拘也

及某師戰與敗某師于某皆敵一國之辭以內爲主故及者猶言我主乎此戰而敗者猶言我能敗之也桓及鄭師伐宋則非獨我矣然以我及鄭則主戰者亦我也其敗不可言我及鄭師敗績故與內同辭曰丁未戰于宋桓會紀侯鄭伯及齊侯宋公衛侯燕人戰雖我在會然主之者紀侯也不可言我敗某師敗與外同辭曰齊師宋師衛師燕師敗績春秋之言如是其嚴也惟郎之役齊侯衛侯鄭伯三國皆來深入我地則非我所主不可言及故雖與內同辭曰戰于郎而變文特加來焉以

三國之自外至志乎爲此戰猶來聘來盟者也大凡及
雖指外亦皆多主一國爲辭惟成十六年書晉侯及楚
子鄭伯戰于鄢陵楚子鄭師敗績與前桓之及齊宋衛
燕四國惡諸侯之相連衡而傳人也然則齊衛鄭三國
之書來其惡之亦深矣

或曰晉人敗狄于箕于交剛于大鹵楚人敗徐于婁林
於越敗吳于檇李此外戰也何以與會同辭乎晉之敗
狄以中國敗外國也楚與徐於越與吳皆外也外交戰
而自相敗不足言敗績故略之而更爲內避與中國同

辭也晉人及姜戎敗秦師于殽晉雖中國不正其在喪而與姜戎邀擊秦故貶而與姜戎敗秦之辭一施之吳敗頓胡沈蔡陳許之師于雞父六國皆中國而吳併敗之故總言敗六國之師亦略之以示貶不嫌于同辭也惟荆敗蔡師于莘以蔡侯獻舞歸疾獻舞之奪蔡季又怒息而自取滅于楚其罪尤重于殽之役故雖無姜戎在其間而比之外國互相敗者疾之也

或曰晉人及秦人戰于令狐晉人秦人戰于河曲此外戰也何以亦與魯同辭非同辭也此以交剛之例狄之

略而不書敗績者也何以知之公羊皆以此二戰爲偏戰曰何以不言師敗績敵也意謂兩陳適相當無勝負云爾據左氏河曲之役趙穿先以其屬出趙盾恐秦獲穿而勝乃皆出戰交綏交綏之爲言兩退軍也言兩軍不力戰而各退以此爲敵可矣令狐之役趙盾改立靈公背先蔑而拒公子雍出軍以禦之左氏云趙盾曰先人有奪人之心遂潛師夜起以敗秦師據左氏例當以未陳而戰書敗秦師與前正相戾何得亦以爲交綏而書戰乎蓋公羊不見其事但見書戰而不書敗績故意

乎爲敵左氏雖知其事而不達其義故河曲交綏適幸偶合至于河曲則不悟其相戾而不爲義其實皆非知經者也今以楚人及吳戰于長岸例推之正以其連年興師不已以病其民故貶而狄之爾其或言及或不言及者及者我主戰而内爲志也不言及者兩欲之而不相及也其言戰者猶之内辭主不勝以别客也左氏謂吳公子魴戰先死楚師大敗吳師獲其乘舟餘皇吳子光潛長鬣者于舟側夜呼以亂楚師復大敗之取餘皇以歸以後戰爲主則吳爲敗楚故以戰書也公羊穀梁

皆不知此故公羊亦以爲敵而穀梁以爲進楚子吳楚于此未見其爲優劣也何以獨進楚子乎尤可見其無所傳而妄意之也公羊穀梁皆别偏戰與疑戰偏戰先爲師期結日成陳各據一偏者也亦謂之前定之戰若鞌之戰晉師至于靡笄之下齊侯請戰曰不腆敝賦詰朝請相見而後晉人從之泓之戰宋公與楚人期于泓之陽楚師濟泓而來有司請迨其未畢濟擊之宋公不可之類是也疑戰乘其不備掩擊之疑而不信者也亦謂之詐戰殽之戰杞子使秦濟師襲鄭穆公從之晉襲

以先軫之言發命遽興姜戎墨衰絰而邀擊之雞父之戰吳以罪人三千先犯胡沈陳三國之師三國爭之吳以三軍擊于後乘其亂而敗之之類是也左氏不別此二戰而爲例曰凡師敵未陳曰敗某師皆陳曰戰則皆陳者二氏所謂偏戰也未陳者二氏所謂疑戰也故其載事多附會其例而閒有自相戾者如令狐之役是也則其虛實亦不可盡攷若柏舉之戰言闔閭之弟夫槩王晨請先伐子常之卒俟其奔而後以大師繼之弗許夫槩王自以其屬五千擊之子常之卒奔楚師亂遂敗

之此亦所謂疑戰也乃先言二師陳于柏舉夫兩師皆陳卽戰矣何有先大師而伐擊又子常受其擊而大師不爲之援者乎此蓋以經書戰惡其與例不合彊爲之辭大抵左氏之弊類此不知經之書法而求合乎事者也若雞父之敗三國公羊自以爲偏戰而左氏所書乃與柏舉事相近亦未必然要之魯之書敗自是內辭而中國與夷狄書敗者內中國之辭兩夷狄書敗者略之不與中國同辭中國與夷狄書敗而雞父書臾敗三國者欲以見胡子沈子之滅兩夷狄書敗而長岸書楚之

及吳戰者以別楚之不勝此春秋之變文也偏戰疑戰各繫其敵經初不以爲辨故曾之書敗某師者不可皆謂未陳而疑戰也公羊之說皆優于二氏

吳敗頓胡沈蔡陳許之師于雞父初不見戰公羊以爲不使主中國吾固言其非矣穀梁言中國不敗胡子髡沈子盈其滅乎其言敗釋其滅也此非也邲之戰以荀林父及楚子曰晉師敗績矣自不得言楚敗晉師何云中國不敗乎左氏云不言戰楚未陳也蓋左氏以罪人犯三國故云爾此皆不通經而妄意爲之說爾凡春秋

夷狄敗中國未有言戰者蓋略之也故荆敗蔡師于莘楚人敗徐于婁林於越敗吳于檇李三書同一辭敗中國則言師敗夷狄則不言師雞父之役猶言荆敗蔡師于莘春秋之常法也何用別其偏戰詐戰陳未陳乎若邲言戰言晉師敗績鄢陵言戰言鄭師敗績蓋荀林父晉侯主戰此自中國之辭不可以通前例也

凡取皆對予之辭也我物而推以與人謂之予非我物受之于人謂之取然取予之間猶有道焉故曰可以取可以無取取傷廉可以予可以無予予傷惠予且不可

傷惠況非我物而彊取于人乎故取郜大鼎納于太廟書取見大鼎之爲郜物也取田取邑取附庸之國者皆謂之取見其非我物各有所繫屬而彊有之也然則齊人取子糾殺之何以言取此所以正齊而貶魯也子糾云者猶言魯有子糾齊之所應立而託之魯者也齊之所應立則齊人不得以爲我有託之魯則魯可以爲主而不得以與齊魯不能終其託而使齊人得以殺之則齊不可取而魯可以無子所以同之己物而交譏之也或疑管仲晏子叔向子產皆四國之賢大夫管仲子產

尤見稱于論語而春秋一不褒之何也春秋爲天下後世立王法非因人而爲之者也善惡皆適見于事舉吾法而加之使天下後世知所勸沮而已初不以其人也管仲事小白子產事簡公定公皆爲卿晏子事靈公莊公景公叔向事悼公平公昭公雖不爲卿皆大夫也是雖得見于春秋者而未嘗出預聘會征伐之事則春秋安得而書乎正使嘗預聘會征伐之事其褒貶當繫其事之如何使其事在所貶則雖此四人且不得免而況于褒將以其賢而使春秋彊見之是必假事設辭然後

得致其意則春秋乃好惡之私爾非立王法也
滅國大惡也然孟子言周公相武王誅紂滅國五十而
天下大悅則滅未必皆不善也蓋內外亂鳥獸行則滅
之先王以當九伐之末諸侯之罪莫重焉不得已而至
于夷其宗廟廢其社稷以爲不如是政教無以行于天
下而民有受其害者固先王所不能免也然周有天下
諸侯之國千八百其化于紂之惡久矣而滅者纔五十
于周公猶以爲少也春秋之初自莊十年始見齊師滅
譚則小白也以傳攷之齊侯出過譚譚不爲禮及其入

諸侯皆賀而譚又不至故討無禮而滅之果如是譚之罪未至于滅也雖天子且不得滅而況齊乎春秋著始滅而無所加辭亦以非天子之命而擅滅人之國不待貶絶而自見也

古者庶人之在官者爲其國君服齊衰三月畿內之民服天子亦如之大夫以道去其君掃其宗廟而未絶亦服齊衰三月言與民同也所謂以道去其君者三諫不從放于郊君賜之環則返賜玦則去者也禮大夫去國踰竟爲壇位鄉國而哭素衣素裳素冠徹緣鞮屨素簚

乘髦馬不蚤鬋不祭食不說人以無罪婦人不當御三月而復服用喪禮稱喪人蓋君猶父也人而無父可乎及其遂去而不反也三世爵祿有列于朝出入有詔于國若兄弟宗族猶存則反告于宗後爵祿有列于朝謂其子孫猶有仕而在位者也出入有詔于國謂其卿大夫吉凶猶有告而相聞者也是以猶用舊國之法至爵祿無列于朝出入無詔于國然後惟興之日從新國之法興者始絕之日也惟上下兩盡其義故君不輕絕臣臣不輕去其君而君臣之道重其名謂春秋時則異是

矣大夫士去國非有罪以其身逃則必追逐不容于國人安有從容者乎故春秋變其名曰奔當是時雖國君去國猶且同是名何有于臣孟子論禮爲舊君服諫行言聽膏澤下于民有故而去則君使人導之出疆又先于其所往去三年不反然後收其田里爲三有禮焉以先王之世言之也諫不行言不聽膏澤不下于民有故而去則君搏執之又極之于其所往去之日遂收其田里以爲寇讎則春秋雖欲不變其名其可得歟

春秋攷卷九

春秋攷卷七

宋　葉　夢　得　撰

莊公

莊公柯之盟左氏初不爲說但言始及齊平爾蓋自十年敗齊長勺之後齊魯未嘗通至是三年春北杏之會齊始霸而魯不預故冬爲此盟或是魯畏齊彊請之以釋憾左氏爲近實矣公羊穀梁獨以不書日遂爲桓盟不日之論穀梁曰曹劌之盟也桓盟雖内與不日信之也公羊曰桓盟不日其會不致信之也據左氏曹劌始

以十年見莊公正當長勺之役公問何以戰以小惠小信不足恃惟忠爲可遂敗齊師而柯之盟劌無預焉公羊載曹子升壇之事以爲曹子手劒從之劫小白請汶陽之田小白許諾不與之盟以爲要盟可犯而桓公不欺曹子可讐而桓公不怨桓公之信著乎天下自柯之盟始而司馬遷爲刺客傳以曹子爲曹沫又附益之言小白既割魯侵田曹沫三戰所亡地盡復與魯沫劌音相近意穀梁言劌即沫也然觀劌始見莊公論戰甚近于知義者非刺客一夫之勇與沫事不類且春秋書取

汶陽田在成二年而長勺之戰魯旣敗齊安得齊有侵地柯盟之後未再與齊交兵亦安得有三戰復地之事二者皆無實此蓋六國辯士假託之言無足取信而公羊穀梁拘于日月爲例之說見魯與外諸侯盟多書日故爲公與外盟書日之例然公及邾儀父盟于蔑公及齊侯盟于落姑固不書日也何必皆日乎審以盟柯爲信小白則蔑與落姑復何信而然二子曾不之悟而强取沫事以成其說是以不暇察其妄也

子曰桓公九合諸侯不以兵車管仲之力也如其仁如

其仁又曰管仲相桓公霸諸侯一匡天下民到于今受其賜微管仲吾其被髮左衽矣孔子稱管仲桓公之功如此然霸三十餘年春秋未有一言少見襃者自莊十四年伐宋以入見由是伐郳伐鄭伐戎伐徐伐山戎二十餘年皆書人至侵蔡之役然後始得稱爵而七年伐鄭十七年伐英氏復稱人終其世十餘年間纔得以爵見者九以師見者一豈稱人皆微者耶至于執鄭詹執陳轅濤塗降鄣遷陽亦皆稱人則謂桓公圖霸而每以微者爲之理無是也蓋嘗攷之春秋之作憫天下之無

王也于是著其法以遺天下後世則非有與王之業如湯文王者豈春秋之所與哉方小白時天下之亂極矣使小白而能爲湯文王則本之于德而行之以仁義修之身以達于天下夫孰不可爲而小白之內治固有愧矣其欲尊王室而服諸侯惟兵而已鄄之會小白之始霸也君子以爲此其所以取重于天下而諸侯之所莫能及者也吾少假之則天下皆將趨于霸而王道不復興矣是以伐宋之役首抑之而書人焉人之所貴吾之所賤也人之所與吾之所奪也逮夫自鄄至淮爲會者

七自柯至匡爲盟者十兩幽之同盟十有二歲而再見則未嘗一書人其亦曰使小白而能充此則王室何患乎不尊諸侯何患乎不從前之曰執曰降曰遷者皆不必爲也此其與管仲之仁在于九合諸侯而不以兵車者歟孟子曰五霸三王之罪人也今之諸侯五霸之罪人也以今之諸侯言于五霸之時孔子所以與也以五霸言于三王之道春秋所以貶也湯之伐見于葛文王之伐見于崇王者非不用伐特不以爲先爾召陵之役不能服屈完則中國未可保諸侯同外楚而鄭伯獨逃

盟不正其罪則中國未可定北戎亦一楚也雖不可治之于始亦不可不正之于終是三者將以見方伯之職不可廢是以得免夫貶而與常伐者同辭古之人其達此者惟孟子故以仲尼之徒爲無道桓文之事而管仲之功爲曾西之所不爲歷聘諸侯未嘗不以王道先焉而公羊穀梁方且以小白爲異爲之說曰桓盟不日桓會不致凡施之行事之間或以爲信或以爲諱或以爲愛或以爲美委曲附會未嘗不肆其誣嗟夫孰謂春秋爲書而僅志于小白乎以揚雄爲大儒而且謂習亂好

治爲春秋美召陵則其餘亦無足責矣

齊人執鄭詹鄭詹自齊逃來左氏以爲鄭不朝是矣詹以名見下大夫也公羊穀梁不知其義但見書名以爲微者疑不得書于春秋遂加之爲佞人意以爲特書夫鄭宛郳快莒挐泰術何嘗不得見經而獨疑于詹乎按甯母之會鄭子華請去鄭三氏管仲以爲鄭有叔詹堵叔師叔三良爲政未可間也小白于是止叔詹未可謂佞人也鄭先負伐宋之罪及小白霸而又不會于幽徒以其使來齊人執之在是矣其不以佞執而以人執者

君有罪而執其使非霸討也古之爲大夫者必知義命之分詹知無罪執而不能死側遂委其身苟免而逃來此春秋所以賤之書逃與來奔者異辭也何從見其佞乎乃知二氏不知事實又不能求之經顛倒善惡惟意所欲言有如是者安可以不察也

詹事左氏不書而經文可攷詹以邾莒之怨執季孫意如子服惠伯爲之請而使歸惠伯曰寡君未知其罪合諸侯而執其老若猶有罪死命可也若曰無罪而惠免之諸侯不聞是逃命也何免之爲請從君惠于會夫不

爲惠免以爲逃命惠伯其猶知之況賢于惠伯者乎使詹而知此則可以免矣

殲啖氏謂自滅之義蓋見齊人文在上以梁亡鄭棄其師例推之不知齊人在上卽自滅之義而殲非自滅也殲厥渠魁殲我良人豈自滅乎穀梁以殲爲盡者是也蓋渠魁皆盡殺之而脅從則罔治故謂之殲厥渠魁良人惟此三人盡以爲殉故謂之殲我良人則齊人殲于遂亦盡爲遂人所殺而無遺爾故于文從韱韱微也殺而及于微也杜氏雖知殲爲盡然謂齊人玩敵遂人盡

殺之時史因以自盡爲文此但見其盡不別何以爲自盡而言時史之文此不惟失殲之義其失經之旨又甚矣

公羊既妄以鄭詹爲佞人何休從而加之辭曰即娶文姜丹楹刻桷以至于敗皆詹之謀甚矣先儒之好誣而附會也且經先書齊人執鄭詹左氏曰鄭不朝也夫君不朝而執其臣固不正矣故以人執不得爲霸討而詹亦不稱行人不以使執也詹何惡乎凡諸侯之臣自其國奔者皆書出奔奔我者皆書來奔齊非詹之國自不

得言奔則書來可矣詹之罪在見執非其罪而不能以義自守乃畏齊苟免而竊歸我故加之逃逃之爲言不以禮而竊取之謂也穀梁曰逃義爲逃亦非是首止之盟鄭伯逃歸不盟以爲逃義可矣詹執非其罪而逃何義之云乎

逃例先儒多與叛潰同論二者絕不類自不必爾要之叛以地言潰以衆言逃者一身之事鄭伯逃盟陳侯逃歸二言皆見經矣而傳記厥貉之會麇子逃歸溴梁之會高厚逃歸皆非挾衆之辭蓋僅以其身竊去杜預謂

違其典禮棄其車服羣臣不知其謀社稷不保其安者是也國君大臣而至于此更安問逃上乎而左氏以爲剛穀梁又謂逃義曰逃正使義不可從亦安得不逃此皆不明霸討之義故鄭詹雖以人執而強謂之佞人也歟

周官大司徒造都鄙先鄭以都鄙爲王子弟公卿大夫采地此通都縣稍三等而言之也蓋都鄙有主大都而言者自王城推之至于大都而王畿正矣大都之外即侯服于王畿爲鄙此與春秋書外伐魯皆曰伐我某鄙

者是也自三等采地推之則各有都鄙蓋公卿大夫之居必建城郭城郭之內爲都外爲鄙鄙之爲言猶野也故月令孟夏命司徒巡行縣鄙命農勉作毋休于都而周官田僕掌馭田路以田以鄙者是也賈氏疏别三等采地公在大都卿在小都大夫在家邑王親子弟與公同在大都次疏者與卿同在小都更次疏者與大夫同在家邑此雖無見于經而理或當然故吾疑王之子弟爲公卿大夫者亦各以其爵分食三等蓋既爵同而地等則無用更别同姓異姓自當爲一不必更論親疎也

矣
周制王畿之內分五等自郊至于都者是也近郊遠郊合百里卽六鄉之地甸卽六都之地制鄉遂者以井田之法卽周官遂人夫間有遂十夫有溝百夫有洫千夫有澮萬夫有川以達于畿者是也而丘甸都邑不預焉治其民者各以其比閭族黨之官爲之甸之外爲三等采地通爲之都鄙制都鄙者以井收之法卽小司徒所謂九夫爲井四井爲邑四邑爲丘四丘爲甸四甸爲縣四縣爲都者是也而比閭族黨不預焉治其民者各以

其所食公卿大夫爲之井牧之法不通于鄉遂葢鄉遂不以封則無所用都邑井田之法通于都鄙葢雖有食采之人而以教農夫者溝洫之制亦不可廢但不設比閭族黨之官爾諸侯之制半天子天子六鄉六遂則諸侯宜三鄉三遂故費誓言魯人三郊三遂變鄉爲郊遂亦郊也諸侯無公惟卿與大夫則遂之外未必甸稍縣都皆備亦必減于天子或止有縣與都而已鄭伯降楚之辭云使改事君夷于九縣楚莊王滅陳因縣陳曰諸侯縣公皆慶寡人葢楚滅小國皆以爲縣其縣大夫皆

僭而稱公如白公葉公之類而晉侯賞士伯以瓜衍之縣則諸侯亦通有縣也

王畿郊遂之外爲甸稍縣都各百里稍縣都者公卿大夫之采地公食都卿食縣大夫食稍縣或謂之小都皆有邑公卿得臣其民大夫三世而後得臣其民稱主而士食于甸謂之公邑則不得臣其民但食其租稅周官載師所謂士田者也其上士中士之別則宜如王制所言制農田以百畝自上農夫而倍之者由是言之諸侯大國之卿不過三命其餘皆再命一命則不得如王之

公卿大夫有邑以臣其民亦但視田以食其租稅而春秋之時諸侯賜其大夫見于傳者未嘗不言邑晉獻公滅耿滅霍滅魏以賜趙夙畢萬爲大夫文公霸以一命命郤缺爲卿而與之冀再命命胥臣而與之先茅之縣非特以賦祿而賞功者亦然鄭伯賞入陳之功子展八邑子產六邑一邑四井爲田三千六百畝八邑當甸四之一田二萬八千八百畝趙簡子與范氏中行氏戰誓其師曰克敵者上大夫受縣下大夫受郡士田十萬四甸蓋二十里之地衛獻公與免餘邑六十而辭曰惟卿

備百邑臣已六十則衛卿甞有四十里之地矣至晉侯取戚田六十井以與孫林父則霸主之令也暨牛取惠伯三十邑以與南遺則家臣之爲也敗度至此則周政無復可攷矣

外侵伐會見侵者四伐者二十皆以鄙言之鄙者都之所居國以爲疆而别乎外者也春秋之意蓋將尊其宗國使外無得輒加諸我故以别外之辭書曰及吾之疆埸已其實如莒伐東鄙圍台齊伐北鄙圍成圍桃圍防四邑皆在其國中則非止其疆外也特以邑見重而書

則其他入乎國中而非圍邑者皆略而不見也獨哀之八年書吳伐我十一年書齊國夏帥師伐我而不言鄙此其故何哉凡侵伐者皆討罪之名也外諸侯侵伐無言戰者蓋皆服罪而行成則與之和解而去也不服而請戰則以戰書曾亦猶是也故不服而至于戰或勝或敗勝則書敗某師敗則書及某師戰固已異文而見矣則于此四侵二十伐者皆行成而得免也夫以堂堂之大國每爲其鄰問罪而吾求成之不暇非弱而不能自立則必實有罪而無以藉口聖人雖爲內諱以致意然

豈可專著人之罪而以侵伐爲非乎凡魯見侵伐惟莊始著齊宋陳三國伐自僖以後大國非齊吳則小國邾莒蓋皆其鄰也孟子曰惟仁者爲能以大事小是故湯事葛文王事昆夷使魯而知此則邾莒不足畏也曰惟知者爲能以小事大是故大王事獯鬻勾踐事吳使魯而知此則齊吳不足懼也今旣不能強又不能弱國有四鄰而每迫于其鄰其誰之過歟則于哀之末年春秋終矣特連兩著伐我而不言鄙自是外無復侵伐者所以正内也齊人伐燕取之諸侯將謀救燕齊宣王問于

孟子曰諸侯多謀伐寡人者何以待之孟子對以湯七十里爲政于天下未聞以千里畏人者也由是言之後世有如魯者亦可以少知愧矣故曰愛人不親反其仁治人不治反其智禮人不答反其敬行有不得者皆反求諸己其身正而天下歸之此春秋書我之義也

書言眚災肆赦孔氏以眚爲過災爲害謂過而有害者緩而赦之肆緩也若然眚當與災並言乃成文過而不害物自不應有刑有刑則經何獨書肆大眚乎古者謂視不明爲眚日月之災爲眚眚者不幸誤抵于辟周官

三宥所謂過失者也災者因天災而有犯若凶歲之盜
賊迫不得已周官荒政十有二所謂緩刑者也後世蓋
亦有天變而赦天下者焉眚則肆之災則赦之二者不
相兼也康誥曰人有小罪非眚乃惟終自作不典式爾
有厥罪小乃不可不殺乃有大罪非終乃惟眚災適爾
既道極厥辜時乃不可殺此先王肆眚之道也有眚有
大眚眚小罪也大眚大罪也太宰以八柄詔王馭羣臣
莫大于生以馭其福誅以馭其過而洪範言惟辟作福
惟辟作威臣有作福作威害于而家凶于而國蓋公卿

大夫與諸侯之所同焉諸侯非賜鈇鉞則不得殺故曰無專殺大夫既不可專殺亦豈可以專生乎則諸侯之所得肆者眚而已大眚非請之天子不可肆也楚箴尹克黃使齊及宋聞亂棄命而歸自拘于司敗楚子使復其所改命曰生此楚子之僭也諸侯伐鄭師次于汜曰肆眚圍鄭而鄭遂服是謂諸侯之事然則莊公肆大眚春秋譏其僭歟非也曾得用天子之禮肆大眚有其舉之也何以書爲其將葬文姜凡大罪皆釋之以幸其國人也文姜之罪不討蓋已幸于天子矣國人之大罪非

眚者復因文姜而幸焉莊公亦何以爲政于其國歟故
曾雖大眚苟當其節皆常事不書惟非所肆而肆于是
一見猶郊之四卜禘之致夫人其致意焉者不在郊與
禘也
昏禮六惟納幣三見經葢納采問名納吉皆未定之辭
至納幣則成自是爲請期親迎則成事當否不足譏也
諸侯昏禮已亡存者惟士昏禮爾有納徵有納幣納徵
士禮也納幣卿大夫以上禮也雜記納幣一束束五兩
兩五尋士昏禮以爲玄纁此卿大夫以上之禮也周官

媒氏所謂凡嫁子娶妻入幣純帛無過五兩媒氏掌萬民之判純帛緇帛也無過五兩則有不及五兩者矣此庶人以下之禮也先儒復言天子則加以穀圭諸侯則加以大璋禮亦宜然此其所以異于他五禮者蓋重之也杜氏謂以卿行故書者誤矣

莊公觀社之事外傳亦載曹劌之辭視左氏爲詳曰先王制諸侯使五年四王一相朝終則講于會以正班爵之義帥長幼之序訓上下之則制財用之節其間無由怠荒此蓋專爲會言以正觀社之非四時之田其名有

三以田言則曰蒐曰苗曰獮曰狩以習武事言則曰振旅曰茇舍曰治兵曰大閱以祭言則曰社曰禴曰祊曰烝其所主各不同故春秋所書或見治兵或見大閱或見社亦各以其所致意焉著之齊之觀社蓋以會祭爲名故劌言天子祀上帝諸侯會之受命焉諸侯祀先公先王卿大夫佐之受事焉不聞諸侯之相會祀也則所謂正班爵之義帥長幼之序訓上下之則制財用之節皆會之事左氏離之與朝爲二曹劌之言且不能知而況于經乎襄二十四年傳記楚子使薳啓彊如齊聘曾

社蒐軍實使客觀之然則莊公之行是亦齊欲誇軍實而以社會之也蓋自文姜葬而莊公始與高傒爲防盟已乃親往納幣未幾復爲此行而又與齊侯遇于穀是時齊小白方霸豈公畏齊之強欲釋仇以爲援乎抑小白恐魯之不從脅之使聽己乎然防之盟穀之遇皆曰及是公欲之也意者公初不會鄄未忘乎怨齊霸既成懼而願從于是同盟于幽齊人因以威誇之恐諸侯以爲翫兵故以社召之歟所謂諸侯五年四王一相朝間朝以講事五年而再相朝者皆當時霸主之令非周禮

故言終講于會者亦非是有王者在上諸侯安得擅爲會班爵之義長幼之序上下之則豈不有典命行人之官而財用之節帥賦以贊元侯者固有天子之命亦豈相朝而得自爲之乎非徒左氏不曉劇之言雖劇亦不盡先王之制習亂之久當世賢者所知亦如是而已矣非春秋孰能正之也

莊書丹桓宮楹刻桓宮桷成書新宮災三日哭莊之于桓成之于宣皆父子也宮皆其禰廟也一舉謚曰桓宮一不舉曰新宮或曰桓遠而宣近夫父子天性也惟三

年之喪有時而畢乃其情無時而可忘也故曰舜五十而慕春秋豈以是爲別也哉宣公以十月薨至二年十二月而喪畢明年二月宣宮災其去喪畢未遠也成公三日哭其所以致哀于宣公者猶未忘也故聖人原其情以爲所以事其禰者有加于其祖也則不以謚槩舉而謂之新宮乃莊公卽位二十有三年矣誠未忘于桓耶則苟可以盡力于廟者無不爲矣而未有聞也至于夫人至然後飾其楹桷而丹刻之非以事桓也將以其侈誇夫人而已是與使大夫宗婦覿用幣者一也故與

立武宫立煬宫之辭一施之聖人所以察微見隱者如此夫然後父子之情見于行事者無得而隱後世之爲人子者亦知其所以戒而不敢怠是春秋之教也

大夫宗婦覿用幣公羊以宗婦爲大夫之妻則大夫宗婦爲一事也穀梁以覿爲見禮大夫不見夫人不言及不正其行婦道故列數之則大夫與宗婦爲兩事也左氏不爲義而曰使宗婦覿用幣而不及大夫則近于公羊杜預謂使大夫宗婦同見謂之同則近于穀梁二者各不同學者久不能決各自以其意取不爲定論爲公

羊之說者則曰禮小君至大夫執贄以見此自常禮不必書書者以大夫妻亦以幣見爲非則以一事爲正也爲穀梁之說者則曰禮大夫之妻得見夫人此自常禮不必書書者以大夫亦以幣見爲非則以二事爲正也然大夫執贄見小君與大夫不得見夫人于禮皆無正文吾以禮攷之諸侯祭宗廟夫人與亞獻則大夫何爲不見夫人乎既可見于廟中亦可見于宮中則夫人至而大夫不爲之禮非人情矣穀梁知之而不盡故但言不正其大夫而行婦道非此之謂也原春秋之意其譏

蓋在覲用幣不在大夫宗婦蓋覲者諸侯大夫私見王及后之禮也幣者諸侯享王及后之禮也覲禮諸侯來朝入見王奠圭王受玉升拜出乃束帛加璧三享王及后束帛加璧者幣也此所謂享聘禮大夫來聘奉束帛加璧與琮爲其君享王及后事畢自奉束錦以請覿而不用幣殺于其君此所謂覿覿諸侯大夫可施于王及后不可行于其君幣諸侯可施于王及后不可通于其大夫今哀姜至大夫請見大夫之贄卿執羔大夫執鴈可也見而又覿則僭大夫見王與后之覿不過束錦而

又用幣則僭諸侯享王與后之禮此大夫之罪也宗婦以其榛栗棗脩之贄見夫人可也見而又覿其過與大夫同發其贄而用幣此宗婦之罪也孰爲之公命之也于是見于御孫之諫此春秋所以變譏之乎若以大夫宗婦爲一事則大夫而言宗婦以其承宗別庶婦之辭也覿夫人何別于庶婦若然則庶子而爲大夫者其妻不覿乎

禮言宗婦者三諸侯同宗之婦其大夫則謂之宗卿故其妻則謂之宗婦而大夫之言宗婦也旣以嫡子之妻

曰宗婦矣而其衆子之妻亦或謂之宗婦蓋以別承宗者言則爲嫡子之宗婦如內則言庶子祗事宗子宗婦雖貴富不敢以貴富入宗子之家之類是也蓋嫡子稱宗子則其妻稱宗婦以別主婦者言則爲衆子之宗婦如特牲饋食禮言主婦洗爵于房酌亞獻尸宗婦執兩籩豆戶外坐之類是也蓋兄弟稱宗人則其妻稱宗婦六經之言各主其事以爲辭不嫌于同學者所宜審也公羊穀梁皆誤以覿爲見既非矣而公羊又誤以宗婦爲大夫之妻故知用者不宜用而已而謂然則曷用榛

栗云乎腶脩云乎則其譏在宗婦而不在大夫穀梁又說謂宗婦可覿而用幣故知大夫不見夫人與宗婦爲二而已而謂不正其行婦道故列數之則其譏在大夫而不在宗婦二者皆失之此蓋不知禮之過是故君子不可以不學禮也

左氏載御孫諫辭曰男贄大者玉帛小者禽鳥以章物也女贄不過栗榛棗脩以告虔也今男女同贄是無別也此言亦見外傳以爲夏父展之辭而文小衍曰今婦執幣是男女無別也左氏略去今婦執幣四言不知其

傳之略耶抑自有所主而故去之也然左氏先目其事曰宗婦覿用幣而不言大夫意左氏亦以宗婦爲大夫之妻而夏父展云今婦執幣與左氏言男女無别者同則亦皆謂大夫爲無譏而吾獨以爲不然者葢攷之禮言大夫則自不得覿夫人況于用幣言覿夫人則凡大夫之妻皆當見不獨嫡子之婦雖衆婦亦與見此吾所以據禮而不疑也

或疑后夫人無見大夫之禮吾以宗廟亞獻爲證未足以爲據是不然凡周官王后接外之事非止祭祀葢賓

客無不預焉故賓客祼獻瑤爵皆贊者內宰之職也凡賓客共后之衣服者內司服之職也若不見之則何以相交乎以后推之則夫人固當然矣故禮言大饗廢夫人之禮自陽侯殺繆侯而竊其夫人則古者夫人蓋享諸侯吾以大宗伯言大賓客王后不預則攝而載祼意謂同姓則親異姓則攝猶或有之以爲不見大夫則非也禮云朝覲大夫之私覿非禮也大夫執圭而使所以申信也不敢私覿所以致敬也而庭實私覿何爲乎諸侯之庭爲人臣者無外交不敢貳君也何以言大夫之

私覿爲非禮此謂從君來朝之大夫君自爲禮則臣不得行其私矣而聘則臣爲君行禮而君不在焉則可以容其私者也庭實私覿何爲諸侯之庭此謂當時之大夫有從君更相朝而私覿者以爲朝覲于天子且不可私豈可以諸侯而行之故援之以爲證禮文殘缺辭多有脫誤是以學者不能無惑也

春秋攷卷十

春秋攷卷十

三吴朱筱校

春秋攷卷十一

宋 葉夢得 撰

莊公

郭公闕文經成而後亡之者也如甲戌下闕陳佗亂事不知者遂以甲戌己丑陳侯鮑卒爲連文而妄爲之辭吾嘗論經無闕文矣夫春秋非記事之書亦非爲學者之事是是非非以王法定天下之業斷天下之疑而遺萬世者也一國之史不可不盡載而有不得見者則不敢以其私而附益姑存其疑以待後之知者則闕之可

也孔子所謂吾猶及史之闕文者也一己之學不可不兼通而有不得聞者則不敢以其私而臆決姑置其疑以待世之能者則闕之可也孔子所謂多聞闕疑愼言其餘則寡尤者也而春秋何取于是哉事之可以見吾法則識之不可則去之而已故曰其事則齊桓晉文其文則史其義則丘竊取之矣安有不足見義而徒載其文者乎左氏謂陳侯鮑卒以亂故再赴固已妄矣而公羊穀梁每爲傳疑之論以爲甲戌之日出己丑之日得故識二日春秋所記者諸侯之卒與卒爾正使不得其

實而始載之于義何嫌也然則郭公蓋如州公虞公之類嘗以公爵有國而下亡其文爾或者附以管子所記郭亡之事謂齊桓公過郭問父老郭何以亡曰善善而惡惡也桓公曰善善而惡惡何至于亡曰善善而不能用惡惡而不能去所以亡也以類推梁亡之辭以公爲亡謂之郭亡此非吾之所知也古之著書者多假所聞爲之說以示其意未必皆有實齊小白霸在莊十四年鄄之會郭之亡誠在前耶則不得至此二十四年始見誠今方亡耶則梁之亡以民潰無與守其國者而秦取

之故可書以自亡若善善而不能用惡惡而不能去苟非有滅之者不得以自亡爲辭其事與梁不類且小白旣霸以霸主滅譚滅遂則有之矣而諸侯無擅滅人之國者若以小白滅之而春秋變文以示義則謂春秋取之父老之言可乎且春秋滅國三十二其間善善惡惡之際不得其當者亦宜有矣不應獨責于郭案公羊記虞虢假道事以虢爲郭古者二字或通用虢固公爵虢之滅在僖二年後十三年豈虢公或以郭見經而亡其事乎

日食鼓用牲于社左氏于文十五年言之是矣曰非禮也日有食之天子不舉伐鼓于社諸侯用幣于社伐鼓于朝以昭事神訓民事君示有等威古之道也然莊二十五年則謂之非常曰惟正月之朔慝未作日有食之于是乎用幣于社伐鼓于朝又曰凡天災有幣無牲非日月之眚不鼓夫日食陽微而陰勝之也社陰也天子伐鼓于社蓋以亢陽而責陰也社于諸侯則尊也諸侯不敢責以天子之禮故請之以幣而伐鼓于朝諸侯亦陰類所以自責也幣以請之牲以奉之請而不奉故無

所用牲此言天災有幣無牲則是矣必以正月之朔慝未作言之以爲非常豈左氏以周十一月爲正月時陰已退陽方生爲慝未作非此月則不舉是禮而莊公以六月舉之爲非常歟是不知夏之四月周之六月純陽用事正陽之月古亦謂之正月詩正月繁霜是也此言蓋出于季平子昭十七年六月日有食之祝史請所用幣叔孫昭子言天子不舉伐鼓于社諸侯用幣于社伐鼓于朝與左氏前言正同而平子止之曰惟正月慝未作于是乎伐鼓用幣其餘否太史曰在此月也平子弗

從其言亦與左氏同則左氏蓋兼取二言用之夫昭公之食亦六月也平子以正月止之太史以爲在此月而弗從非以周十一月爲正月故歟蓋魯人以正陽之月爲正月故文莊書鼓用牲于社皆在六月食而不舉故祝史請之而以爲非周之正月而弗從者季平子之誤也仍季平子之失而弗悟遂以爲例而謂莊公舉之爲非常者左氏之誤也杜預黨于左氏雖知六月爲正月而謂莊書六月辛未朔食推歷辛未實六月朔爲月錯因謂經書六月而傳云然者明此月非正陽之月也置

朔之差固不可攷然文書鼓用牲于社亦在六月是時置朔非差乃所當舉何以亦書乎然魯人以爲必正陽之月舉之者亦非是書曰乃季秋月朔辰弗集于房瞽奏鼓嗇夫馳庶人走則古者雖季秋食亦鼓矣何必正月春秋于他月未有書者而獨兩書之于六月正以見誤拘正月而不及其餘一失也伐鼓不于朝而于社僭天子二失也不當用牲而用牲三失也合三失而譏之其不曰用幣者得禮也左氏于文公取叔孫昭子之言若天子諸侯等威之辨而謂鼓用牲于社爲非禮于莊

公言天災有幣無牲非日月之眚不鼓皆近之而不能不惑于平子之言遂妄以爲例則不傳經之過也穀梁曰鼓用牲于社鼓禮也雖知用牲之非禮而謂鼓于社爲禮亦非公羊曰日食則曷爲鼓用牲于社求乎陰之道也其意反若二事皆正而合禮者其失又視左氏遠矣

祭祀有幣猶人之燕享而有幣帛以將其意者牲者祭之實幣者禮之文有其實者必成之以文此牲與幣所以不可偏廢如廟中將幣三享之類也故大祀用玉帛

牲牷次祀用牲幣至于小祀有牲而無幣大者其文備小者其文略理當然也周官六號先牲齍幣次之禮宗廟之祭自牛豕以下至于稻粱其末爲嘉玉量幣此皆以祭祀爲主故先牲而後幣乃日月之眚猝然而見天子陽道而尊也則伐鼓于社以攻之而已此夏書所以言瞽奏鼓而不及其他也諸侯陰道而卑也旣不敢攻若待齋戒祭祀而祈之則無及矣故即其類于社以請之其主不在祭祀則用幣以達其意而已猶諸臣之來朝執贄亦幣也固無所用牲此祭與請之辨其主各不

同左氏不達此槩以爲天災有幣無牲歷代諸儒多用其說以證經其不知經宜矣

周官射天鳥以救日之弓救月之矢及太陰之弓與枉矢鄭氏謂救日射陰救月射陽天子之禮也亦日食伐鼓攻陰之義蓋天子無所請攻之而已天子攻而不祈故不用幣諸侯祈而不攻故用幣晉悼公卽位請息民者云祈以幣更不用牲以從儉約則幣者祭之略牲者祭之詳日食用幣蓋變出非常不能備禮是以致其略而反用牲所以爲非也

大水鼓用牲于社于門公羊曰于社禮也于門非禮也穀梁曰既戒鼓而駭衆用牲可以已矣救日以鼓兵救水以鼓衆二說皆非也且春秋所記皆非禮也日食諸侯用幣于社伐鼓于朝而于社不應用牲而用牲所以書則大水用牲于社爲得禮何爲與于門並書乎周官鼓人言用鼓之事其末云救日月則詔王鼓明非救日月蓋不用鼓矣何爲戒鼓而駭衆則牲可以已乎伐鼓本以責陰乃一以爲鼓兵一以爲鼓衆穀梁自不曉其義何暇論經吾以周官攷之太祝六祈曰類曰造曰禬

曰禜曰攻曰說而禜者水旱之祈也祭法言埋少牢于泰昭祭時也鄭氏以泰昭爲壇而雩宗祭水旱以宗爲禜亦曰水旱壇先王之羣祀莫不爲壇之皆有常所矣祭祀用少牢以該夫寒暑日月星水旱則五祀皆用少牢而有牲矣故詩雲漢言靡愛斯牲此水旱之祭用牲禮與詩之明驗也至于鬯人言禜門用瓢齎蓋門有陰陽闔闢之義旣祭于壇又奠于門以請之陰故不用樽用瓢齎以示略則門雖有酒而無牲也大水不伐鼓又用牲于壇而于社于門失其祭之常而亂先王之秩祀

此春秋所以書歟或曰左氏言天災有幣無牲故日食譏鼓用牲于社今大水與日食同文則水旱疑亦不當有牲是不然肆師次祀用牲幣小祀用牲以水旱爲小祀亦當用牲矣日食用幣非祭也以請于陰也陰無常祭而日月之食猝然而見有不得祭故即其類而請之于社蓋社亦陰也禮有無幣而有牲之祭矣未有無牲而有幣之祭也此禮之變不可以爲常非左氏之所及也

或問日食大水皆陰盛之變日食伐鼓大水不伐鼓何

也先王祭祀以馭神水旱之災大則上帝次則山川星辰無事則祭有變則禱皆有司之者也曰陰盛以勝陽而已無事無所致祭有變無所致禱不得已伐鼓而攻之以爲鼓陽物作之以充陽而攻陰爾是有神則有祭有祭則無所用鼓無神則無祭無祭則不得已而用鼓鼓非必用不得已而用也

叔鞅如京師葬景王公子遂如晉葬晉襄公公子友如陳葬原仲三者雖天子諸侯大夫不同而其辭一施之蓋皆以君命出而錄主人之辭也左氏以原仲爲季子

之舊公羊以爲通乎季子之私行則若季子之自葬原仲者其以貶大夫之外交耶古者國君大夫赴于他國之君曰君之外臣寡大夫某死爲其赴于敵者曰吾子之外私寡大夫某不祿使某實赴雖士亦然大夫死而赴于鄰國之君與其敵禮也所以重大夫也受其赴者必弔弔必葬此亦禮之常而不書也苟有違焉是大夫之罪有不可勝書者非大法所在春秋亦略而不書也然則季友之葬原仲書曰如與景王晉襄公之辭同豈有私行而曰如者此爲莊公命往葬明矣自其文觀之

諸侯以卿葬他國之大夫宜若爲貶然自經觀之則小事法之所不書其特見焉者正以慶父叔牙之事而著季友之本意云爾吾何以知之夫魯與陳爲好舊矣莊之二十五年春陳侯使女叔來聘冬季友如陳往報至是纔二年公羊以爲不得預乎國政則季子于時猶未執政也慶父叔牙之亂既萌季子不從必將有害乎其身則假葬原仲爲名避而之陳以爲後圖者季子之志也莊公亦許之矣故病且死復召季子而授以國政季子于是卒能行其志殺叔牙而立子般此春秋所以爲

是表之乎禮大夫雖非君命不得出竟然行私請于其君者禮之所不廢也故曰大夫私行出疆必請反必告季子若誠自以其私行未可以爲違禮亦非春秋所得書也

葬原仲之事穀梁以爲諱出奔而不終其說不知其意安在左氏但言其舊未必爲有義惟公羊載其詳曰公子慶父公子牙通乎夫人以脅公季子起而治之則不得預于國政坐而視之則親親固不忍見也于是復請至于陳而葬原仲以爲避內難通乎季子之私行而或

者以爲是時去莊公薨尚六年內難未作不得言避若以爲釁端已成季子見幾而出奔則莊公之未釁端益深不應得入而預國政以公羊爲不然以吾觀之此正季子用智以任宗國之寄不可以常情度也非春秋無以察之故特書以見意爾何者諸侯大夫死赴于他國之君禮固明見之矣其葬與不葬于理雖不可攷然內女嫁爲外夫人書卒不書葬有爲而後書之也則固有葬而不書者矣外大夫不葬劉文公以嘗主我故特書葬以史記攷之季友蓋陳出也陳自莊公十九年伐我

西鄙之後至二十五年春使女叔來聘是冬公子友如
陳報聘二十七年遂爲此行自是終莊公未嘗交兵則
陳與魯好自女叔來而加篤季友又其出也則季子之
爲此行豈無意乎蓋慶父與牙之惡其來必有漸兆于
六年之前未爲久也季友其有以察之矣以兩公子挾
夫人而莊公不能正他日必至于亂季子以宗國自任
以爲非己莫能平而一人之力勢不可以卽治則予其
亂之未形全身于母黨託葬原仲以行使二子幸其去
而不疑以待于後此季子之深謀遠慮也因是爾于陳

而不歸以申二子之欲及莊公病而召之遂授國政此非莊公之意二子與夫人之意也蓋將致國乎慶父而季子在外恐其不同故召而託之非季子有名以行使之不疑何以致此是以季子至而莊公告以牙之言正其情也向使季子懼禍而出奔則必不得反去之不以名則必疑若是則國乃二子之國尚安得政乎春秋先書公子友如陳而後挈其事以著之見其以君命行公羊知其事而不知其情以爲避內難則是愛其身而忘其國以爲通乎季子之私行則是春秋捨其義而與其

去其去道遠矣故吾謂春秋有不應得葬而書葬者三皆非專責其失禮各有爲焉爾葬紀叔姬不責叔姬之不得葬爲齊侯也葬許悼公不責悼公之不得葬爲世子止也葬原仲不責原仲之不得葬爲季友也

列國大夫既相赴則必弔弔則必葬此理之常也故禮大夫死赴于他國之君曰君之寡大夫某死則君必爲之弔諸侯弔于異國之臣則其君爲主赴者主人之辭而受弔者其君謂其恩爲己也諸侯適在其國則親弔衞靈公適魯遭季桓子之喪衞君請弔公爲主是已弔

者如此其謹則葬宜亦稱是春秋內魯故卒內大夫然而不葬禮有降也外大夫不卒又降于魯也不卒固不葬矣則禮非不卒葬外大夫特春秋不書爾外大夫之得卒惟王臣之嘗接我者尹氏卒之類是也王臣之重比諸侯既卒則不得不葬然有不葬者我或不往葬也故王臣之葬惟劉文公而已公羊穀梁微得此意而不知列國有葬外大夫之禮求其說而不獲故遽以爲通其私行以避內難此學者所以不得不疑也

左氏載王子朝王子頹亂王室事略相同春秋書子朝

不書子頽或言左氏好誣子頽事未必然以王子朝之辭攷之自言天不靖周生頽禍心施于叔帶則信有之矣意者周不以告則不書乎凡左氏載事春秋所不書者幾半使左氏真受經而傳之則經之外無用載矣蓋左氏者史而已以載事爲本而不專于解經故非經之所有與雖有而與經旨相違者皆並列之吾故以爲今左氏決非孔子當時所據爲經之史蓋經成而後出者多也凡見于左氏而不書于經者爲之四例以統之其一曰常事或事小不必書其二曰意有所貶特略而不

書其三曰不赴告則不書其四曰經成而後出者多也
孔子所不及見雖當書而不得書惟深于經者而後可
以決擇于此四者則庶幾無惑于左氏矣
春秋重師凡戰未有以人敗績者惟莊公二十八年齊
人伐衛衛人及齊人戰衛人敗績一見穀梁曰戰則是
師也今授之諸侯而後有侵伐之事故微之也其人衛
何也以其人齊不可不人衛據穀梁是以齊人爲齊侯
也齊侯有罪貶之可矣衛若無罪安得以齊而亦人乎
公羊曰敗者稱師何以不稱師未得乎師也春秋敗皆

言師以衆爲重焉爾固未必皆稱師也何三十四戰而獨此未得乎師歟此蓋二氏不知其事而妄意之也左氏以此爲齊小白以王命討衛立子頹之罪者也衛之罪大矣小白不得以侯見此春秋抑霸者之道穀梁所謂授之諸侯而後有侵伐之事者近之矣衛之不得稱師正以治其嘗伐京師使不得與齊敵其所敗者衛人爾此春秋之異文也至于齊人侵我西鄙言公追齊師至酅弗及則以人侵而師追焉其辭與衛正相反穀梁以爲其侵曰人其追也曰師以公之弗及大之也此其

言是矣由是言之衛師也而抑之曰人齊人也而大之曰師有君臣之道焉有內外之辨焉茲其所以爲春秋也歟

所貴于天子賞罰之當者爲其賞不僭罰不濫也春秋以褒貶代賞罰爲其僭且濫而天子之權不得其正也若褒貶而僭濫亦不足爲春秋矣而穀梁莊二十八年傳齊人伐衛衛人及齊人戰曰是師也其曰人微之也今授之諸侯而後有侵伐之事故微之其人衛以其人齊不可不人衛也其意以爲齊桓巳霸諸侯而授之令

今復伐衛故微其師而稱人是齊有罪衛無罪也然曰以其人齊不可不人衛則衛非霸主而與齊同不稱師衛之人不亦濫乎僖元年傳齊師宋師曹師次于聶北救邢曰曹無師曹師者曹伯也其不言曹伯以其不言齊侯不可言曹伯也其意以爲齊侯救邢而言次緩不及事故貶其爵而稱師是齊有罪曹無罪也然曰以其不言齊侯不可言曹伯則曹非主救而與齊同不得稱爵曹之師不亦濫乎夫莊之人齊經旣不見其爲齊侯蓋穀梁不知經于小白之初有抑而稱人之義自不得

與他國貶而人之者同例故妄爲辭併衛失之夫人衛與僖之言齊師曹師者亦將卑師少稱人將卑師衆稱師自經之常法穀梁誤謂曹爲無師故從以齊師爲齊侯曹不得爲無師吾固言之矣二事皆無事實但以義推之是以迷而不悟此亦傳經不傳事之弊也

左氏邑有先君之主曰都先儒多信其說故先鄭釋都宗人掌都祭祀之禮以爲山川及因國無主九皇二十四氏之祀王子弟則主其祖王之廟而賈氏疏遂以左氏之言爲證禮郊特牲諸侯不敢祖天子大夫不敢祖

諸侯公廟之設于私家非禮也由三桓始也孔氏疏亦引左氏此言又以夏父弗忌所謂宋祖帝乙鄭祖厲王者以實諸侯得祖天子之說而謂諸侯得祖天子則大夫得祖諸侯且王畿之內稍爲大夫之采地縣爲卿之采地都爲公之采地而王之子弟盡參食于三者之間各隨其爵之高下與公卿大夫以類相從故鄭氏謂都鄙爲王子弟公卿大夫之采地者此總三等言之也都之設官有都士有都司馬有都宗人所謂都者非止四縣之都也雖縣亦謂之都以別于大夫之家爾故縣又

爲小都者古者謂掌禮之官皆曰宗伯夷曰秩宗春官爲大宗伯是也都宗人掌都祭祀之禮與家宗人言掌家祭祀之禮其辭同也凡境內山川鬼神與宗廟無非祭祀何以知都獨有祖王之廟乎郊特牲之文亦已明矣孔氏强引魯有周廟及帝乙厲王于經之外横爲異說以附會左氏夫魯得用天子禮樂而立文王廟此在古惟一見固不可以爲常乃宋祖帝乙自見二王之後若鄭祖厲王此乃僭禮豈可與宋並言而夏父弗忌妄以爲說審必曰有大功德乃得祖天子則鄭桓公有何

功德而與周公比乎今姑以都宗人與郊特牲之經文爲正則先儒之誤皆自左氏失之而反以誣經不可不察也

臧孫辰告糴左氏不載其事亦見于外傳云魯饑文仲言于莊公曰今國病矣盍以名器請糴于齊公曰誰使對曰國有饑饉卿出告糴古之制也辰也備卿請如齊公使往從者問曰公不命吾子吾子請之其爲選事乎文仲曰賢者急病而讓夷居官者當事不避難在位者恤民之患是以國家無違今我不如齊非急病也在上

不恤下居官而惰非事君也以是攷之此非莊公之命蓋文仲自請行也然春秋不以專命爲異辭以貶之者以其有憂國之心而行其職焉爾此所以但不書如歟左氏以禮言坐不知其事而妄以藉口至公羊以爲私行穀梁以爲內諱者則又遂以意揣之蓋左氏不知經凡所不能通者大抵皆以禮爲辭如雍榆之言救等是也公羊穀梁差通經故雖知不言如爲疑而不得其傳故妄揣之而皆失其義夫國饑上卿以寶器出如之何而爲私行乎內饑大饑大無麥禾且不諱何反諱于告

繹乎

兩邑相及穀梁于城諸及防與莒牟夷以牟婁及防茲來奔皆曰以大及小至鄟庶其以漆閭丘來奔則曰不言及大小敵也公羊不于諸防漆閭丘爲說而于莒牟夷曰其言及防茲來奔何不以私邑累公邑也蓋言牟夷公邑君邑也防茲私邑臣邑也嫌于公邑與私邑爲一則稱及以辨之故何休于諸防亦曰諸君邑防臣邑于季孫行父帥師城諸及鄆亦曰別君邑臣邑也至于城莒父及霄則二氏皆無文以爲前見也兩義不相通

一以爲公及私耶則城諸及防及鄆皆嘗所城何公私之辨一以爲以大及小耶則牟夷防茲均以地返何小大之嫌吾以爲言奔者可曰以公及私而何休施之于諸防及鄆者誤矣言城者可曰以大及小而穀梁施之于牟夷防茲者誤矣二氏各有聞而不盡也歸讙及闡別二邑之名也

郭公羊穀梁皆以爲紀之遺邑或者疑紀滅至此更二十七年不應其遺邑猶存至是始降吾觀昭十九年書齊高發帥師伐莒左氏曰莒子奔紀鄣使孫書伐之齊

師入紀紀之爲國在齊莒之間杜預前注齊人降鄣以爲紀附庸國在東平無鹽縣東北後注紀鄣以爲莒邑在東海贛榆縣東北杜氏記地里亦間有誤吾意前以爲紀附庸國者是紀雖弱而附庸國或能自立以附于他國至是齊始降之以自屬而後或爲莒取故猶繫之紀則固無害紀亡而獨存也

魯濟之遇左氏以爲謀伐山戎以其病燕繼書齊人伐山戎明年六月書齊侯來獻戎捷公羊曰威我也威我者旗獲而過我吾固嘗論其情矣劉向說苑載齊小白

北伐請兵于魯魯不與小白怒將攻之管仲曰不可我已刑北方諸侯矣今又攻魯毋乃不可乎魯必事楚是我一舉而兩失也桓公乃已而左氏不記此事吾嘗推之此卽左氏所謂謀伐山戎者蓋嘗召兵于魯矣歸而示之捷豈非懷其宿憾欲因以威脅之而矜其强乎春秋因書之以爲誠若獻捷然蓋求而不得者說苑之言足以驗也

伐山戎言齊人獻戎捷言齊侯此譏小白之辭也按葵丘之會宰周公謂晉獻公曰齊侯不務德而勤遠略故

北伐山戎南伐楚西爲此會皆論齊侯親行是時小白霸業已成矣然五大夫奉王子頽以亂王室衛人立子頽而簒惠王霸主之所當帥諸侯而共治之也曾無所爲反區區于遠裔以其病燕燕之病孰與周之亂乎蓋徒欲威示諸侯以自强大此宰孔所謂不務德而勤遠略者也故春秋貶而人之至于得志而獻捷于魯此豈其情亦徒以誇而威之爾故春秋特正名之曰齊侯諸侯不相遺俘而況霸主謂之誇而反弱謂之威而反屈矣趙氏乃皆以爲謬文于伐山戎言當云齊侯獻戎捷

言當云齊人陋矣
魯有孟孫孟卽伯也蓋慶父之後自氏仲孫不得言孟
孔氏據禮緯云庶長稱孟謂嫡夫人之子長稱伯妾子
長于夫人之子稱孟然于經無見趙武之母晉景公女
嫡夫人也而趙武稱趙孟士匄請後于荀偃曰鄭甥可
遂立荀吳則妾子也而荀稱知伯與禮緯正相反孔氏
謂趙盾庶長故趙武亦冡其父稱爲孟荀首中行伯之
季弟中行伯嫡故荀首亦冡其兄稱伯亦未必然按公
羊慶父與叔牙季友皆莊公之母弟三傳無言其爲庶

者特杜預以伐於餘丘之年計之以爲未及成人莊公之政繆亂多矣慶父氏公子則大夫也旣未成人可以爲大夫亦何不可以爲將以吾攷之古者大夫五十字以伯仲不言孟惟夫人有言孟姜者則孟未必字但長之稱爾故正月謂之孟月元侯謂之孟侯禮亦無嫡子不以其次而必字伯之說則孟非字但言長耳庶子雖孟所謂庶長者非嫡庶之庶以别乎君如言衆子爲庶子者之庶長而不得立自應稱孟以别乎衆子故齊小白無嫡六嬖所生無虧最長言武孟衛靈公立公子縶

雖長以非嫡不得立言公孟彄桓公既薨莊公以嫡長立慶父以衆子之長所以稱孟趙孟亦然禮緯之言或出于此而孔氏誤以爲字也

周官宮人掌王之六寢之修而女御掌御敘于王之燕寢太僕掌建路鼓于大寢之門外則有大寢有燕寢禮玉藻君日出視朝退適路寢聽政使人視大夫大夫退然後適小寢釋服則有路寢有小寢蓋六寢者總名而燕寢大寢路寢小寢者其別名也鄭氏謂六寢大寢一小寢五而釋太僕之大寢爲路寢玉藻之燕寢爲小寢

則大寢又謂之路寢小寢又謂之燕寢此天子之制也諸侯無聞焉內宰掌以陰禮教六宮者王后之宮也天子有六寢故后有六宮而祭義云諸侯率三宮之夫人使蠶以此準之夫天子有六寢后有六宮則諸侯有三寢夫人有三宮皆所以半天子故西宮災公羊曰西宮者何小寢也小寢則曷爲謂之西宮有西宮則有東宮矣魯子曰以有西宮亦知諸侯之有三宮也六寢皆在路門之內禮天子有三朝有外朝有內朝有燕朝而寢不預焉外朝以詢萬民非常之朝也內朝在應門之外

燕朝在路門之外燕朝以見宗人而內朝以日見羣臣此玉藻所謂日視朝之所也六寢其居中而當前者爲大寢亦或謂之路寢此玉藻所謂視朝退而聽政之所也其旁列而居後者爲小寢此玉藻所謂聽政退而釋服之所也先儒不悟朝與寢異而妄別大寢一爲在路門之外爲正寢小寢五爲在路門之內爲夫人之寢故莊公宣公成公皆薨于正寢穀梁以爲寢疾居正寢正也男子不絕于婦人之手以齊終也僖公薨于小寢穀梁以爲非正也杜預遂以小寢爲內寢于左氏言夫人

不薨于寢則弗致曰寢小寢也夫天子諸侯不應崩薨于聽政之所后夫人不應薨于天子諸侯之寢夫豈不知后自有六宮夫人自有三宮乎先儒之迷于禮有如此者惟公羊爲近之乃何休言天子諸侯三寢一曰高寢二曰路寢三曰小寢不知其何據蓋但以定公薨于高寢故取路寢小寢之名足之其妄不待攻而破也

春秋攷卷十一

春秋攷卷十二

宋　葉　夢　得　撰

閔公

莊閔之際慶父叔牙季友之事三家惟公羊得之最左氏畧同然皆不終其說穀梁盖全無聞據莊公即位二年而見慶父伐於餘丘則已爲大夫矣後二十五年季友始見如陳末年叔牙始見卒則莊公三卿蓋慶父叔牙季友也公羊言叔牙欲立慶父在葬原仲之前故以葬原仲爲通乎季子之私行距莊公薨猶六年乃復請

至于陳則于是季子猶未執政及莊公病將死以病召季子季子至而授之國政乃問寡人卽不起此病吾將焉致乎魯國季子曰般也存公曰牙謂我魯一生一及慶父也存季友曰夫何敢是將爲亂乎俄而牙弑械成季子和藥而飲之牙卒慶父如齊不言季子之出也閔公立曰孰殺子般慶父也子般弑而歸獄于鄧扈樂曰季子至而不變也季子來歸曰喜之也是季子嘗出矣左氏所記雖同而葬原仲但言季子之舊不記其辟難則季子葬原仲蓋嘗歸而與叔牙執政矣故莊公問後于二

入而不及慶父季子卽殺叔牙而立子般子般弑季子奔陳見立閔公而不載慶父如齊閔公立與齊小白盟落姑以復季子旣召于陳慶父復弑閔公季子再以僖公奔邾慶父始奔莒季子入立僖公莒人欲歸慶父季子不納遂縊卽不知子般弑慶父如齊季子如陳矣立閔公者誰耶慶父如齊是以君命行也卽不知子般死國未有君援命慶父者誰耶閔公立纔八歲慶父猶在會則盟落姑而復季子者誰耶齊小白使仲孫湫來省難蓋窺之也初無援會之意湫曰不去慶父魯難未已

則迫慶父使出奔者誰耶四者二氏皆不記吾嘗謂雖千萬人而不可奪者情也越千萬歲而不可易者理也學者出于千載之下不幸有不得于事者苟自其情與理求焉則有不能逃乎人者慶父蓋有意于得魯者也內通乎夫人外假乎叔牙其以大夫見者與莊公幾相終始據公羊言叔牙欲立慶父季子不可而弒械成則雖莊公且將弒之矣其何有于子般閔公乎然既弒子般而不敢遂取之者獨懼季子爲之討爾及以圉人犖當子般之誅則假子般之命請于齊以立閔公者其慶

父乎而非其志也以叔姜爲齊女外順人情以蔽己惡徐而復爲之所爾閔公立而慶父猶在則盟落姑者季子自陳請之齊而小白爲之以定公位者也此仲孫湫所以言不去慶父魯難未已者歟季子歸而察其志則必有爲之所者矣故雖季子力所無可奈何而終不敢奪其位久而知其再弑閔公不能容于國人然後與哀姜俱遁季子所以得因高傒而立僖公也是雖無見于傳度之情而揆之理其必有出于此者吾所以參二氏之言而爲之說也然則子般弑季子奔陳閔公弑僖公

奔邾經皆不書何也季子不之陳則無以成其志僖公不之邾則不能保其身是皆魯之所以不亡者不可與慶父奔莒之辭並見則爲之隱若未嘗出焉此春秋所以全君子之善而暴小人之惡也

落姑之盟左氏謂請復季友穀梁謂盟納季子杜預以爲閔公初立國家多難以季子忠賢故請霸主而立之夫季子魯臣也誠忠于魯其去來在其君何必聽于霸主而後可納是時閔公纔八歲而魯無賢臣輔之于內必不能自爲此謀公羊之爲說何休曰慶父內則權重

外則出奔彊齊恐爲國家禍亂故季子如齊聞之奉閔公託齊桓爲此盟吾謂此言雖無據而近實何者慶父弒子般是時齊桓方圖霸慶父負弒君之惡敢卽霸主必非無所畏憚而然者蓋歸其惡于鄧扈樂而謂閔公哀姜娣之子挾哀姜以請于齊而立之以自明爾哀姜與慶父之罪齊桓公皆未及知也故春秋以常文書之曰公子慶父如齊未加貶辭正以見其罪未暴季子奔陳左氏載之而經不書謂其力不勝慶父之權避之于陳爲之隱爾然則暴慶父之罪又使齊桓得以聞而慶

父無以容其奸殆季子走齊而訴之歟故奉閔公而與齊盟非盟復季子也定公位也季子所以由是來歸而慶父不敢拒此魯人所以喜也齊仲孫相繼遂來省難則桓公固已主之矣不然使桓公未知慶父之罪而季子猶在陳閔公之弱安能自求盟以復季子季子居其國不能抗慶父何以既奔而自外抗之慶父亦納之而不拒乎此事理之必不然者落姑齊地即齊以盟也慶父立閔公本利其少欲因哀姜以附齊閔公既從盟則必捨慶父而聽季子慶父盡失其本謀無所恃以自固

是以復弑閔公奔莒而哀姜之惡亦見不敢之齊而之邾也

齊仲孫仲孫湫也仲孫以字爲氏者也宋司馬華孫來盟華耦也華孫亦以字爲氏者也春秋未有但書氏而不名者惟此兩見吾皆以爲貶仲孫貶其有窺魯之意華孫貶其爲襄夫人之黨皆去名或曰春秋有貶氏而見名者矣氏所同也名所獨也未有貶名而見氏者豈不嫌與凡見族者亂乎曰春秋但因事以見法而已不皆以其人也湫與耦何擇且宋殺其大夫曹殺其大夫

名氏尚皆不著孰能辨其誰何吾特以别大夫之無罪則已爾而况于名乎

公羊以仲孫爲慶父固謬矣穀梁曰齊仲孫外之也意亦與公羊同此皆不足深辨然左氏之言亦得之而未盡也何者桓公既與閔公盟矣季子因之以歸則慶父之罪霸主所宜即討也猶若以爲疑而使仲孫湫察焉故其歸也曰不去慶父魯難未已是桓公不果于討賊季子不得獨發于內則慶父得以爲之謀而復弑閔公矣此春秋所以不稱使者不與其使貶桓公也仲孫知

慶父之當去不請速討而曰難不已將自斃君其待之則閔公之禍仲孫亦預有罪焉故去其名而見以族者貶仲孫也若所謂公曰魯可取乎對曰不可猶秉周禮周禮所以本也則疑非桓公之言夫桓公方欲合諸侯以正天下若乘魯之亂而滅周公之後是何足以爲霸乎殆非邢遷如歸衛國忘亡之意此蓋後世附益之辭而左氏不能别也

禘之名見于左氏而無祫祫之名見于公羊穀梁而無禘左氏但見春秋書禘故凡有事有大事皆謂之禘有

事于武宫亦曰禘于武公此乃沿襲禘于莊公之語爾公羊穀梁既以禘每見于名故凡有事有大事皆謂之祫公羊曰大祫者何合祭也毁廟之主陳于太祖未毁廟之主皆升合食于太祖五年而再殷祭穀梁曰祫祭者毁廟之主陳于太祖未毁廟之主皆升合食于太祖左氏不知禘祫之辨故通而爲一公羊穀梁雖知祫異乎禘亦不知有事乃時祭之名蓋均未嘗深攷于禮也周官大宗伯以肆獻祼饗先王以饋食饗先王作四時祭之上鄭氏以爲祫禘肆獻祼者薦腥也饋食薦熟也

二者互相備而謂肆獻祼爲祫饋食爲禘者以大小爲先後也四時祭之上不應別有他祭則謂之祫禘理固然矣故司尊彝亦謂之追享朝享以爲四時之間祀與大宗伯合追之爲言及祖之所自出則禘也朝之爲言喪除始朝于廟則祫也此先王祫禘之禮見于周官者甚明但不著其名爾蓋先王以三昭三穆合太祖之朝而爲七者推親以及祖推祖以及始祖者也故禴祠烝嘗各于四時祭之然是特七廟而已若親盡而毁既不得祭于四時則無時而祭矣故又以時合食于太祖之

廟謂之祫祫之所及自太祖而下以世迭毀者而已而吾祖之所自出則不及故又推祖之所自出者間祀于太祖之廟以其祖配之謂之禘尊祖奉先之道至是極矣祭法曰有虞氏禘黃帝而郊嚳祖顓頊而宗堯夏后氏禘黃帝而郊鯀祖顓頊而宗禹殷人禘嚳而郊冥祖契而宗湯周人禘嚳而郊稷祖文王而宗武王言禘而不言祫者所主在別祖宗之辨不爲祭言也春秋所書宗廟之祀或禘或祫或四時之祭不同凡合于禮者皆不書其書者皆有爲爲之也義在祭則舉名義在事而

舉祭以見則通以爲有事有大事是以其言各異而三家皆未嘗辨也

祫禘之節于禮無正文漢張純謂禮說三年一閏天氣小備五年再閏天氣大備故三年一祫五年一禘禘之爲言諦諦定昭穆尊卑之義也禘祭以夏四月夏者陽氣在上陰氣在下故正尊卑之義也祫祭以冬十月冬者五穀成熟物備禮成故合聚飲食也近世儒者皆取用之此亦未必然蓋純徒見禮言以季夏六月禘周公于太廟周之六月夏之四月故以爲四月不知僖八年

書七月禘于太廟乃夏之五月則何說乎文二年書八月大事于太廟公羊穀梁皆以爲祫周之八月爲夏之六月何以不用八月是故以孟獻子之僭言推之謂二至爲正者蓋外祭莫大于郊內祭莫大于禘郊大事主乎陽則以冬至禘鬼事主乎陰則以夏至爲近禮魯不得全同天子故用六月而僖以七月禘者正獻子之僭也祫以八月蓋躋僖公有爲爲之未必其祫之時乃祫而合禮不失其時春秋自以爲常事不書也

魯得用天子禮樂吾不證之禮而證之呂不韋之書以

禮爲不足據也近世儒者乃謂周公能爲人臣所不能爲之功故天子賜之以人臣所不得用之禮夫人臣所不能爲之功謂衆人不得同可也君臣之分如之何而亂之乎周公死當時尚有召公畢公之徒夾輔王室四國流言召公尚爲之不悅周大夫之不知周公者多矣必不更以非禮之禮加之使重見疑于當世也然則惠公雖越禮請之周雖越禮賜之亦不使得與天子全同蓋皆下其制一等故周之郊以日至魯之郊以上辛是以周祈穀之郊爲魯郊也周之禘以嚳魯之禘以周公

是以周之祫爲魯禘也周之廟七其外存文武二祧以爲九魯雖得用天子之禮而廟不可豫命所謂文世室武世室者後世之僭爾則廟止乎五是廟不得與周同也周之門五臯庫雉應路而設兩觀魯雖得設兩觀而以周臯門爲庫門應門爲雉門是門不得與周同也至于馬不言十二閑而言延廄社不言喪國之社而言亳社是皆以爲異者由是言之周雖衰猶不使諸侯得全同于天子而謂成康爲之乎故見于春秋者但譏其不中節而未嘗譏其僭如郊而四卜禘而用致夫人之類

蓋既受命于天子而賜之亦必以天子之命而廢之魯不得自爲也豈可罪其子孫乎至于八佾亦天子之舞也論語記季氏八佾舞于庭曰是可忍也孰不可忍也而魯無聞焉其亦魯廟固得用之歟昭公出奔子家駒曰諸侯僭天子大夫僭諸侯久矣昭公曰吾何僭矣哉子家駒曰設兩觀乘大路朱干玉戚以舞大夏八佾以舞大武此皆天子之禮也夫謂非所宜有而用故子家駒以爲僭謂其有所受之故昭公以爲不僭使出成康之政而周公之所應得又何子家駒之云哉考仲子之

宮初獻六羽穀梁以爲始厲樂其亦末之思矣
明堂位祭統言周公得用天子禮樂皆漢儒耳剽之言
不知其本故明堂位言成王以周公有勳勞于天下而
賜之是周公生而成王賜之也祭統周公旣沒成王周
王追念周公之勳勞而賜之是周公沒而成康相繼賜
之也二說自不能必何暇論其實乎所謂外祭郊社內
祭大嘗禘者亦非是春秋無書大嘗大禘者大禘自商
别于四時禘之名非周公之名也若乙亥嘗正秋祭本
不當書書者欲以見前嘗之亟爾亦非大嘗也此何足

盡信哉然謂之無不可故吾不得已而取之呂不韋者以其先秦所聞爲近也乃天子雩上帝諸侯雩上公以其雩上帝所以謂之大雩如大饗大旅之類魯得大雩正天子之事而左氏無大嘗而言大嘗有大雩而反不言其陋尤可見矣

或曰重祭外爲郊社郊固非魯之所得爲社則諸侯皆有矣何以謂之重祭蓋諸侯得爲其國社而已乃亡國之社則非天子不得有而魯見亳社災是周公之賜也凡禮所記蓋皆微得其端而不盡故得失實相半非深

于知經者不能辨也
高子左氏不爲傳穀梁曰高子貴之也不言使何也不
以齊侯使高子也公羊曰不稱使我無君也不名喜之
也何喜爾正我也猶望高子也公羊以爲桓公使將南
陽之甲者是也以爲立僖公者非也季子聞難以僖公
適邾蓋從姜氏使不得與慶父俱及高子至因之相與
盟而立僖公則使定魯亂者桓公而盟立僖公者高子
也此高子之盟所以不稱使而得以子見褒歟夫使之
定亂而因以立君魯由之以安是亦桓公之功矣然不

歸之桓公而歸之高子者以其不能討慶父則雖定亂已晚矣猶以其霸而不以身見貶故仲孫高子但奪其使而深致意于高子者所以爲桓公之病也

春秋攷　卷三　三朱攸校

春秋攷卷十二

春秋攷卷十三

宋　葉夢得　撰

僖公

外公子弑其君未有不書而慶父弑閔公則不書外大夫殺未踰年君之子未嘗不書而公子遂弑子赤則不書雖曰內大惡諱也然二人之罪遂沒而不見乎春秋未有終沒其事而不見者蓋閔公之弑當主哀姜以爲首惡子赤之弑當主宣公以爲首惡則二人遽未可加誅也故閔公薨而書夫人姜氏孫于邾夫人何爲而孫

乎夫人孫而慶父奔則慶父之罪同于夫人可知也子赤卒而公即位公何爲忍而即位乎公即位而公子遂如齊逆女則遂之罪同于宣公又可知也非直如此閔公薨而慶父得出奔見國之無人而元惡得以縱失則閔公之臣皆可絕也宣公立而遂得逆女見國之無人而姧謀得以顯行則子赤之臣皆可絕也左氏言春秋微而顯志而晦婉而成章盡而不汙懲惡而勸善于慶父遂具此五者矣而謂施之于齊豹等者妄也

救以次先後爲義經本無是意但以事之序書之爾其

強爲之說者特公羊穀梁誤以邢爲亡故以爲不及事邢既非亡則公穀之說自不能行何用復疑乎救邢懼狄之侵而前爲備未知狄之必犯邢也則方師之出豈可便言救但見其次聶北而已及狄欲犯邢以三師之援而不敢進則邢難自三師而解然後見其救之事則救自應後書也雍榆本爲齊伐晉而往救則方叔孫豹之出救事已定如之何不書救乎兵家事不可槩論不必解圍拒戰而後爲救如後世或擣其虛或何其間或扼其歸路或絕其糧道但使敵人知畏而不敢留皆救

也安知雍榆不出此不必如公穀拘以通君命則次自應後書也惟能察救之名則知經之無貶意矣

偃之敗邾師左氏謂虚丘之戍將歸者也杜預謂邾人既送哀姜還齊人殺之因戍虚丘欲以侵魯魯以義求齊齊送姜氏之喪還邾人懼乃歸故公要而敗之此言固無實然以人情揆之亦有不通者閔公弒姜氏孫于邾季友亦以僖公適邾僖公自邾入而得位雖未必邾有力然亦不爲無好也邾雖歸姜氏何惡于魯而遽欲侵之僖公賢君也檉之會纔閲月而即乘人之不備而

要擊之乎此左氏拘于未陳曰敗某師之例而爲之辭爾以吾攷之不然姜氏孫于邾蓋自知預弑閔公之罪不容于魯而託邾以自固也季友以僖公適邾亦從姜氏而不敢絕其母而齊桓公殺姜氏于夷夷其地也非邾歸之即齊來求之而不能保其託僖公是以有怨于邾歟檉之會邾人在焉齊桓公蓋將與諸侯共討邾恐于魯而不得故書會不書盟已而敗其師則僖公不敢以己之好而忘其母之死也春秋于七月書姜氏薨八月書檉會九月書敗邾師十月書敗莒師則討其納慶

父也其亭皆相因故挐公者見公之義不得不討也不然託人以自免既安卽反伐之與人爲好纔閱月而加以兵春秋獨無貶乎

穀梁解經雖于三家爲差密然其陋亦有信其所聞而全不攷經者亦不可不察公子友獲莒挐一事可見矣友之賢穀梁固自知之獲莒挐之役經書十月壬午公子友帥師敗莒師于酈獲莒挐既曰帥師又曰敗莒師此與書宋華元帥師及鄭公子歸生戰于大棘宋師敗績獲宋華元何以異穀梁于華元言盡其衆以救其將

以三軍敵華元蓋自帥師而敗推之也今于莒挐乃獨書屛左右二人相搏事謂紿以孟勞殺挐何以不得爲盡其衆救挐而以三軍敵之者乎審勝負在兩人又且以紿而幸勝則春秋亦安得書友帥師及敗莒師之事此不惟失季友之賢亦且併春秋書法亡之矣江熙攻之是也公羊曰莒人求賂于魯魯人不與爲是興師以伐魯季子待之以偏戰度此義穀梁非不知但蔽其所聞遂併忘其傳經之意可以見凡三家或得于所聞而不能審或意其或然而從爲之說均有此弊非深于知

經者不能核之也
楚丘左氏謂諸侯城之魯後會故不書以魯獨城為文此蓋見城緣陵書諸侯而此不書與魯之城内邑者同辭故云爾以詩定之方中木瓜二篇攷之則封衛者實齊桓公然非桓公獨為之也蓋命魯為之矣齊以霸為之主焉故詩專美于桓公古者建邦國制其畿疆而溝封之天子之事也謂之大封之禮諸侯固不得專封而春秋之時救患分災有天子不能為而諸侯為之則或以義與焉故書城楚丘若不應城而城以示貶不言城

衞而言城楚丘不書公會齊侯而直言城婉其辭以匿其名使未遽見其過則所謂實與而文不與者也左氏蓋不知專封之義故妄意其後會言之夫後會固罪矣其專封之罪又有大者捨其重而責其輕豈春秋之義乎然緣陵之城復見諸侯此不足序而不序者也蓋是時桓德衰矣鹹之會所以謀杞也而不即城旣公子友如齊諸侯已散矣明年再會而始城有不得已者左氏言有闕而杜氏謂器用不具城池未固者理有當然夫與之者爲其能救患分災也若不得已而至于闕則何

利焉故雖不斥言其城杞而見諸侯不能爲之盡隱也雖見諸侯而不序以爲不足序也葵丘之盟曰無有封而不告齊固將以爲己任今槩目之曰諸侯則桓公與諸侯奚擇焉故穀梁亦以聚辭散辭言之以爲求而借以見桓德之衰其亦有鬭乎此矣

或曰狄滅衛淮夷滅杞皆不書而書城楚丘城緣陵言滅則見封故沒而不言所以隱其封非也狄入衛懿公雖死于戰然去之而不有戴公文公皆在焉則非滅也入而已定之方中所謂衛爲狄所滅者君死曰滅謂懿

公也乃杞則淮夷病之病之爲言非一事之目也蓋每
爲之困欲遷避而不得齊桓公與諸侯共遷之爾亦非
滅也始狄初入衛戴公從而野處于漕桓公使公子無
虧帥師救而封之未及封而戴公卒木瓜之詩是也文
公立欲改徙于楚丘而力不能桓公遂復封之定之方
中之詩是也夫封一也有如衛之所謂與之乘馬祭服
牛羊豕雞狗門材魚軒重錦使至于忘亡亦封也姑與
之城使有不得其所而哀其亡亦封也此杞所以異于
衛者歟然定之方中夏十月周十二月之事也所謂水

昏正而栽者故詩言得其時制百姓說之而春秋書正月則夏之十一月蓋計其成功之終言也所謂日至而畢者封國必要其成封而不克成不可謂之封也

邑不言滅下陽而言滅者以當虞虢也下陽虢之邑也虢虞之表也亡下陽則亡虢亡虢則亡虞二國之存亡不在其國而在下陽虞既假道以伐虢下陽失則二國隨之矣此春秋見微而知著者也故虞滅不書而書執虞公見虞之亡久矣所存者其君而已然則虢公何以不見書乎以傳攷之虢公醜蓋奔京師不得與虞並見

也然則舉虞可以知虢左氏以爲修虞祀以供其職貢者亦未必然見其不言滅而妄意之也

或曰舒固國也杜氏以徐在下邳舒在廬江安得爲附庸曰非此之舒也徐舒相去遠甚矣非可取而併者也魯頌僖公戎狄是膺荆舒是懲徐取舒在僖公之三年審爲是舒則其滅已久不應至是言是懲而已以經攷之舒蓼滅于宣舒庸滅于成舒鳩滅于襄皆併于楚此乃所謂荆舒者蓋舒之别種分而爲三與楚爲鄰楚可得併徐不可併則徐所謂舒者名適同耳鄭氏注荆舒

曰羣舒左氏傳舒蓼曰衆舒則舒固不一種矣旣皆滅于楚則楚與鄭國土壤相接而可併有者也其别而爲三猶赤狄之言潞氏甲氏及留吁杜氏注舒蓼爲二國舒庸爲東夷國舒鳩爲楚屬國蓋失之矣且文五年楚人滅六左氏謂臧文仲聞六與蓼滅曰皐陶庭堅不祀忽諸杜氏言六今廬江六縣蓼今安豐蓼縣安得至宣而後滅乎此自相戾而弗悟凡春秋所書地名皆不可盡攷杜氏號最留意者亦不免誤旣不可盡名不若質之于經而通之以例猶愈于不知而作也

禘于太廟用致夫人左氏以爲哀姜爲例曰凡夫人不薨于寢不殯于廟不赴于同不祔于姑則弗致也此四者吾固以言其非矣而于哀姜之文又不合故杜氏附會惟以不薨于寢一事當之其誤自可知矣公羊以爲譏以妾爲妻脅于齊媵女之先至者不知其何據而何休遂以爲僖公本聘楚女爲嫡齊女爲媵齊先致其女脅僖公使用爲嫡而廢楚女此尤不近人情果爾楚得無討乎惟穀梁以爲立妾之辭雖與公羊同而不名其人劉向以爲成風蓋以所言卽外之弗夫人而見正焉

者謂秦人來歸僖公成風之禭而不言夫人則穀梁固謂成風也以吾攷之後書夫人風氏薨葬我小君成風若非受命致之爲夫人則春秋安得並稱曰夫人曰小君歟則穀梁之言爲是矣故繼言王使榮叔歸含且賵使召伯來會葬皆去天者蓋于致夫人貶僖公以僖公爲重則王不可並見故于含賵葬去天以貶王旣命之爲夫人則不得不含賵與葬是以于其終以見貶輕重先後之序也而趙氏以稱夫人而不氏爲時君妻謂聲姜且以聲姜不致爲證夫時君妻固未嘗不氏而聲姜

之不致或娶在卽位之前如襄與定之夫人亦皆不書
至以是折穀梁尤陋矣

晉里克丕鄭欲納文公以三公子之徒作亂初里克將殺奚齊先告荀息荀息不從旣自殺之矣及息立卓又從而殺之則奚齊卓者里克之所不君者也奚齊未成君故書曰殺其君之子奚齊卓已成君則遂書曰弑其君卓與凡弑君者其辭一施之蓋君臣天下之大義苟一日北面事之皆君也不問其善惡當否里克果不正奚齊卓而志在文公則去之求于大國以納焉可也豈

可以苟息不從而復殺之乎弑君之惡孰大于齊商人齊人既不討而君之後雖殺焉則亦弑其君爾不問其初也衛甯殖逐獻公而立剽將死而悔之以命于其子喜使逐剽而復獻公剽固殖之君而喜則非君也及其殺剽亦書曰弑其君剽蓋預聞乎殖也古者士不傳贄不爲臣故在野曰草莽之臣在國曰市井之臣至于食焉而居其位則君臣之義非特其在身而已己之所君一家皆君焉而況行父之志而居父之位者乎故二人之弑其情雖不同而春秋一以君書之所以正天下之

義也

晉奚齊齊舍皆未踰年之君也里克弑奚齊則書曰殺其君之子奚齊商人弑君則書曰弑其君舍天下之惡莫大于弑君也然聖人于疑似輕重之閒未嘗不盡其情使得罪者皆自以爲當然而無異辭見與聞之者皆以爲無不當而無異議此所以厭天下之心而垂萬世之訓能使亂臣賊子雖敢于犯君親而不能無懼于吾之書者也是何也爲舍正奚齊不正也商人弑而代之里克弑而欲立者也吾一將以弑君之惡而槩治之耶

則凡天下後世欲以庶而奪嫡者孰不起而交爭夫誰與正之是蓋有法焉雖未即位而改元猶有故君之道在而不正者安能取之則是殺其君之子而已而里克之心亦可少見矣非以赦里克也所以正天下之不正以弭亂也一將以未逾年而不成其爲君耶則凡天下後世欲以幸而圖篡者孰不乘而交肆夫誰與正之是蓋有義焉雖未成君而終以君國則人之欲篡者安得攘之是亦弑其君而已而商人之罪亦無所隱矣非以甚商人也所以絶天下之無君而遏惡也法者天下之

所共守也義者天下之所共行也法勝于義則從法義勝于法則從義非春秋莫能辨也

凡諸侯有事前未有見槩言諸侯而不目其人者四城緣陵也兩盟于扈也會扈也其餘如首止葵丘之盟與救許救徐前已有見而後不目者所謂一事再見者前目而後凡也左氏于緣陵言諸侯城緣陵而杞遷焉不書其人有闕也蓋得之矣于扈之書盟則以爲齊侯宋公衛公陳侯鄭伯許男曹伯會趙盾立晉侯以公後故不書從而爲例曰凡諸侯不書所會後也後至故不書

其國辟不斂也則與前自爲兩説至後扈盟則又曰晉侯宋公衛侯陳侯鄭伯許男曹伯尋新城之盟且謀伐齊齊人賂晉侯故不克而還于是有齊難是以公不會書曰諸侯會于扈無能爲也凡諸侯會公不預不書諱君惡也預而不書後也于扈會曰晉侯蒐于黄父復合諸侯于扈平宋也公不預會齊難故也書曰諸侯無功也則合二説而兼之夫諸侯會盟而公不預見于春秋多矣未嘗不目其人何獨于此而異乎盟而後至是亦預盟何併諸侯而不得目乎此蓋是貶其不能如約以

爲不足序而不序故雖無緣陵之有闕匽盟之無能爲匽會之無功而于立晉侯之會則疑故復出後會與不會之說以多求之不知盾背先蔑而立靈公以大夫而會諸侯諸侯從而成之是亦其不足序者也夫罪固有輕重春秋凡書未有不舉重者若伐齊而受賂平宋而無功使公預會或及期而至則將恕之乎若以爲不可恕則何必更論公之預否先後此可見左氏之不知經嘗聞其說而不能守故復出己意以臆之則所謂有齊難而不會與後會者皆未必有實附會以成其說也公

羊穀梁于此亦皆不能了公羊見扈會曰公失序也諸侯不可使與公盟眣晉大夫使與公盟意若以文公之過多諸侯不屑與之盟然何獨于此見之乎穀梁于城緣陵曰諸侯城有散辭也桓德衰矣至于扈之前盟但曰略之而已此皆僅知其或然而不能真得經之旨故其言或得或失而弗盡惜乎左氏雖知其然而後别增益爲之辭與不知者等也公及齊大夫盟于蔇而齊卒叛之戊寅大夫盟而不書其君不序亦以此

言春秋者雖以事爲本然史之所記未必皆盡實或得

之于所傳聞而不盡或出于授受而有損益古今之情一也惟知經者揆之以事而度之以情則或然或不然或取其是而去其非判然若權衡之于輕重有不能逃者所惡夫臆決者爲無據而妄信其所不知也易曰以通天下之志以定天下之業以斷天下之疑通其志者度之情之謂也定其業者揆之事之謂也天下之理不過有二情與事交相盡而疑可斷矣非特易然也鄭髡頑卒左氏以爲羣臣弑之而以瘧疾赴夫弑與卒相去遠矣春秋正名定罪之書也實弑而徒以赴告書卒則

何以示褒貶乎此其決不然者且方是時諸侯方爲鄢會以謀楚鄭伯欲捨楚以從中國諸侯雖不與之期自往如會鄵之距鄢不遠若羣臣違諸侯而弒其君諸侯無有不知者安肯但已而不討乎故吾獨以爲傳妄者撰之以事而然也魯季姬與鄫子遇于防使鄫子來朝穀梁曰非使來朝使來請己也范甯以爲季姬奔而使鄫子請娶己夫男女內外之辨自士以上固異宮矣一家且不可亂豈有內女在公宮之中而能遽奔與外諸侯遇乎當是時魯君僖公也雖未能盡以禮爲國然亦

必不至不能防閑其家至于此極諸侯出其境必相赴告鄫子驟入魯國之境魯之候人豈有不知而使季姬得相遇此亦其決不然者以鄭徐吾犯之事觀焉知當時風俗之弊有如此雖子產之賢不能禁則僖公愛其妹而不忍奪其欲理或有之吾故以爲傳妄者度之以情而然也凡吾求經不從傳而自爲之說大抵皆類此衆人之不信傳者求以意吾之不信傳者求以經必有知經者然後達吾意此吾所以自信而不疑也

孟子言春秋無義戰彼善于此則有之城濮之類是也

然則戰而義君子亦有取歟衛靈公問陳子曰俎豆之事則嘗聞之矣軍旅之事未之學也明日遂行君子之惡兵蓋如是然而曰我戰則克夫豈填然鼓之兵刃既接殺敵而後爲克乎記禮者以爲君親視社以習軍旅求服其志不貪其得以爲克之道此亦知爲戰之道而已孟子曰以天下之所順攻親戚之所畔故君子有不戰戰必勝矣此戰之道也若然所謂好仁而無敵于天下者誰與之戰乎故曰各欲正己也焉用戰是以不戰爲戰也孔子欲以王道正天下齊小白之與其功雖在

所錄而徒稱之曰九合諸侯不以兵車至于伐國者九未有不貶而人之者知其爲王道者在此不在彼也然則春秋三十四戰偏戰猶在所誅況詐戰乎故内書用兵皆不言勝敗不使得以敗見也自敗邾師于偃以前凡見敗者四此内勝也自及邾人戰于升陘以前凡見戰者三皆内敗也勝則見公敗則沒公蓋皆公之爲而大夫無預焉惟閔公書公子友敗莒師于酈一見而已有爲言之也非無大夫之戰也其所責者以公當之則大夫略而不足言矣自僖二十二年升陘之後公不復

見而大夫見焉然亦惟文見以叔孫得臣敗狄昭見以叔弓敗莒終春秋之世惟此兩勝而戰皆不書豈此百五十七年之間皆無公將以大夫之敗耶蓋其哀也諱不以責公而以大夫當之而大夫之敗亦吾之所不可言也姑見其勝者二而已而書外伐我者二十有二則我之屈而求成與諱而不可言者皆不得而知也所責者愈緩則受責者愈深所諱者愈多則可諱者愈廣是皆君子之惡戰以內著之也夫著于內者如是其詳則責于外者不待言而可知也由是言之非如孟子所謂

正己而焉用戰則如孔子所謂我戰則克者夫誰與爲敵乎

文公

僖公以十二月薨明年文公卽位四月葬經繼書叔孫得臣如京師秋公孫敖會晉侯于戚不廢朝會之事文公宜稱爵而公孫敖亦必從吉禮也故左氏發例以爲凡君卽位卿出並聘踐修舊好要結外援好事鄰國杜預謂諸侯諒闇則國事皆用吉禮非特此也至公子遂如齊納幣左氏亦以爲禮曰凡君卽位好舅甥修昏姻

娶元妃以奉粢盛杜氏亦謂此除凶之卽位于是遣卿修好此皆以旣葬爲除喪者乎周襄王以八月崩明年二月葬前書毛伯來求金左氏云不書王命未葬也是亦以旣葬則可稱王命矣禮之失也雖左氏且不能知況杜預歟

文作僖公主左氏言非禮也凡君薨卒哭而祔祔而作主特祀于寢烝嘗于廟傳誤次于僖公之末古者天子崩國君薨祝取羣廟之主藏于祖廟象其有凶事而聚也后夫人死亦然始死之祭謂之奠旣葬之祭謂之虞

卒哭之祭謂之祔奠柩虞于道祔于廟奠與虞謂之喪祭未成祭也祔謂之吉祭禮已成矣既葬作虞主既練作練主虞主用桑桑喪也練主用栗栗戰慄也故禮云既封有司舍奠于墓及日中而虞是日也以虞易奠卒哭曰成事以吉祭易喪祭明日祔于祖父則以其所復之衣合羣廟之主祭于祖廟者也既祔而作虞主羣廟之主則反其廟虞主則祭于寢卒哭之祭曰成事小祥之祭曰常事大祥之祭曰祥事先王之于喪禮如是其詳也商練而祔周卒哭而祔孔子善周虞之祭曰弗忍

一日離也祔之祭曰不忍一日未有歸也而僖公二年而後作主將以爲過乎將以爲不及乎夫禮所以飾情亦所以節情無使至于過而反流于僞也子路有姊之喪可以除之矣而弗除也子曰何弗除也曰吾寡兄弟而弗忍也子曰先王制禮行道之人皆弗忍也子路聞之遂除之樂正子春之母死五日不食曰吾悔之自吾母而不得吾情吾惡乎用吾情君子之于禮不敢有過焉蓋如是文公之意正使非不及無乃亦有所不忍而不用其情者乎故吾謂以姑息爲孝而反以瀆其親使

旣葬而無所歸者雖曰不孝可矣襄十二年左氏稱魯爲諸姬臨于周廟文王廟也昭十二年左氏稱鄭人救火使祝史徙主祏于周廟厲王廟也春秋諸侯得祖天子者惟宋與此兩見而已宋二王後固得修其禮物魯以周公得用天子禮樂猶云可也而鄭亦有由桓武有東遷之功得祀厲王則何道哉是以夏父弗忌曰宋祖帝乙鄭祖厲王猶上祖也此所謂名不正則言不順言不順則事不成事不成則禮樂不興者歟凡此左氏皆不能辨其非烏在其言春秋也

春秋攷　卷十三

史記載秦穆公得由余事在彭衙後曰秦彭衙不利引兵歸戎王聞穆公賢使旹亡人由余往觀穆公以宮室積聚示之由余曰使鬼爲之則勞神矣使人爲之亦苦民矣穆公問中國以詩書禮樂法度爲政然尚時亂今戎夷無此何以爲治由余笑曰此乃中國所以亂也夫自上聖黃帝作爲禮樂法度身以先之僅以小治及其後世日以驕淫阻法度之威以責督于下下罷極則以仁義怨望于上上下交爭怨而相篡弑至于滅宗皆以此類也夫戎夷不然上含淳德以遇其下下懷忠信以

事其上一國之政猶一身之治不知所以治此眞聖人之治也穆公以由余爲賢度其爲害與內史廖謀之廖請遺戎王女樂以奪其志爲由余請以疏其間留而莫遣以失其期戎王怪之必疑君臣有間乃可虜也戎王好樂必怠于政穆公用其策終年歸由余余諫不聽遂去降秦穆公待以客禮而問伐戎之形自彭衙至令狐凡七年由余之用正在其間而左氏略而不見左氏蓋未嘗見秦史故其後載秦事多謬誤不合經旨故十年秦伐晉既妄以爲交相伐矣河曲之役見不言及遂以

爲交綏自是十一年而秦師伐晉又七年而晉師白狄伐秦又八年而秦人伐晉又十三年而秦人白狄伐晉又五年而成公會晉與諸侯伐秦又十六年而晉師伐秦又二年而秦人伐晉又四年而叔孫豹會晉與諸侯大夫伐秦凡五十九年無有一書戰者蓋皆未嘗及戰也而左氏載其事必以爲有敗績或在秦或在晉非經書伐之意盡不足據又十三年至襄二十六年左氏方記秦晉爲成叔向謂行人子朱曰秦晉不和久矣今日之事幸而集不集三軍暴骨吾意亦未然自河曲之後

再見秦師伐晉固已行成矣但不旋踵而復敗之故經但每書而已則自殺而後至于河曲十三年之事經凡七見所以治秦晉者盡矣自是但以常法書之而已不然春秋豈一事而通六十餘年以爲襃貶者乎按史記用由余伐戎王益國十二開地千里遂霸西戎天子使召公過賀穆公以金鼓穆公之三十七年魯文公之四年正彭衙後二年經書晉侯伐秦矣而秦之霸無聞蓋法自不得書于經也其後晉厲公會諸侯伐秦左氏載使呂相絕秦之辭雖多附會前事亦間有不合者大抵

春秋攷　卷十三

左氏好誣學者姑證于經可也

閏月不告月猶朝于廟此與不郊猶三望有事于太廟仲遂卒于垂壬午猶繹之辭正同閏月本不告月常事不書欲以貶猶朝于廟故書以見之公羊穀梁言之是矣而左氏乃謂閏以正四時之説謂不告閏朔爲棄時政夫閏以正時時以作事事以厚生此以論閏可也而時政何預焉日月所會謂之辰日月所合謂之朔天十有二次爲十有二辰日月歲十有二會爲十有二朔王者正歲年以序事以月一周天而更始則各于其朔御

明堂以朝羣臣因以所序之事頒之官府都鄙自朝羣臣言之曰聽朔自頒政事言之曰告朔官府都鄙受之然後推而及于諸侯諸侯受而藏于祖廟至月朔則告于廟而行之則玉藻所謂聽朔于南門之外而周官所謂頒朔于邦國者是也乃閏月既積于月之餘分非有當于十有二次斗指于兩辰之間無所會之朔不得別建而爲月則附其所積之月故公羊以天無是月爲非常月天子不以朝羣臣明堂不爲正堂各于其月之堂闔其門之左扉而居之以聽其附月之餘事而已則玉

藻所謂閏月則闔門左扉立于其中而周官所謂閏月詔王居門終月者是也夫天子旣不聽朔則諸侯何所告月哉魯之不告月正也朝廟因于告朔告朔因于告月三者相因而禮異不告月則亦不朝廟而文公四不視朔乃于閏月而朝廟不視其所當視而反朝其所不當朝此春秋所以譏也故不言不告朔而言不告月月生于朔知其無朔而告月者是不知月者也左氏乃通告月爲告朔此不惟不知經亦不知月矣自鄭氏釋玉藻誤以閏月聽朔于明堂門中先儒遂謂閏月亦聽朔

相承而不悟是以併春秋所書失之劉原甫駁公羊云假令閏十二月必有立春若就前月告之則先時就後月告之則不及時此尤非是四時節氣未有不先後其月者使正十二月而立春在其中亦自當于十二月告之豈獨在閏乎凡告朔者告其月中之事非謂止告其本月之事也閏月既附正月是亦其月中之政則各于其正月併告之矣此何足疑若卽其月之所當行者則不可廢此所以必居門行之也

諸侯會晉大夫爲扈盟傳皆不載其事凡春秋盟會公

預而總書諸侯者，左氏皆以爲公後至，故不序。意謂盟會皆以先至爲序，公後至列于下，故併諸侯沒之。不知凡公外會，初未嘗序，則何嫌于後乎？此固非矣。公羊謂之失序，蓋與左氏同。惟穀梁曰略之而不言其義，豈但傳之而不得其說乎？范甯以爲以公喪娶，又取二邑，爲諸侯所賤，不得序，蓋妄矣。公不得序，不可併諸侯而略之也。比事攷之，此盟在戰令狐之後，晉大夫則趙盾也。盾舍公子雍而立靈公，雖不失爲正，然初議之不審，背先蔑而禦秦師，畏諸侯有不然者，故合而與之盟。春秋之法大夫以君命代盟必有諸侯以敵公而後乃得同序向莒慶洮衛甯速垂隴晉士穀是也今靈公猶在抱固非可以出命者而盾爲之是以大夫而當君諸侯靡然從之而不敢違茲所以略而不書乎諸侯既不序則盾自不得以名見矣而或者乃以公及齊大夫盟于蒐同辭以爲權宜與其得正益誤矣齊襄公弑而無知見討齊內未有君故大夫出盟以謀其國有不得已也其可以靈公不能盟而趙盾得主盟乎故春秋有辭同義異者必于其事觀之學者不可不察也

十年秦伐晉成三年鄭伐許昭十二年晉伐鮮虞春秋之惡兵甚矣然未嘗有狄之而不得以稱者也惟此三伐皆舉國是狄之也即三國而言其罪之著莫若晉荀吳欲取肥僞會齊師假道于鮮虞遂入昔陽一詐也既滅肥復乘其間以伐鮮虞是二詐也此晉所以得罪也秦伐晉鄭伐許三家皆不目其事以傳攷之則秦自殽之役潛師以襲鄭晉襄公邀敗之春秋書曰敗秦于殽與敗狄敗徐同辭是亦詐也自是爲彭衙之戰晉復合宋陳鄭三國而伐焉其明年秦復來伐又明年晉復往

伐兵交不已者六年及穆公與晉襄公卒而康公爲令狐之戰納不正以奪正既不勝矣亦可以少休不三年而又伐其必有得罪于春秋者矣君子所以狄之也鄭自襄公即位無歲不爲楚伐及辰陵之盟遂捨諸侯而從楚固已非矣而復徼事于晉爲兩可以擇利是亦詐也自是楚復來伐襄公至于肉袒牽羊束縛于楚而不愧晉救之不克遂如楚以謀晉許之與鄭初未嘗有隙也僖公固嘗入許而分其地鄭之侵許久矣于是又挾楚而疆其田遂至悼公卒取其鉏任泠敦訟不勝而爲

楚執皇戌子國則襄公之爲也其亦必有得罪于春秋者矣春秋固有比事而可推者何休獨知之故以秦爲不能知止于令狐之戰鄭爲與楚同心而侵伐諸夏其猶庶幾乎經書徐伐莒而杜預直爲告辭略不稱將帥其固陋不待言矣蓋春秋之褒貶各因事以爲訓而未嘗絕其終身也故不以善惡相除亦不以善惡相掩秦穆公襲鄭之罪書曰晉敗秦師于殽以國舉故狄之矣至其以禮通魯則書來歸僖公成風之襚不以前罪而不錄也吳闔閭爲蔡復楚書吳子及楚人戰于柏舉以

爵見罔與之矣至其君臣瀆亂男女之别則書吳入郢

不以功而不正也故曰惟仁者能好人能惡人知此而

後可與言春秋之義矣

郕曾同姓之國文王之子所封也而以爵書春秋者惟

郕伯來奔一見或者疑郕小國非伯爵以伯爲字爲附

庸之國如蕭叔者非也文王諸子管蔡曾衛皆侯國郕

在曾衛之上其下如曹與郇見于春秋與詩猶皆以侯

爵不應郕反爲子男兼入春秋隱公書衛師入郕齊人

鄭人入郕左氏謂衛亂郕侵之齊鄭伐宋郕不會王命

故皆入討之方春秋初子男小國有盟與朝未有預征伐者蓋子男無軍但帥賦以從諸侯故不責其所無既非征伐能侵人之國且使與齊鄭同奉王命非伯國而何則謂郕伯爵者固無疑也郕伯來奔左氏以爲郕太子以夫鍾郕邽三邑來奔魯以諸侯逆之故書郕伯郕伯果伯國使如曹世子射姑代其君來朝盡其禮爲之亦降其君一等魯欲厚郕自不必逆之同于諸侯況于奔乎魯誠失之春秋亦安得遂同其君無爵而書爵郕無異于他奔者亦安得異文而不見名公羊以爲兄弟

辭故不書名亦非是諸侯失國書出奔來奔皆所以見貶郕獨可以魯故而免乎且郕正其國亦不應與夫鍾邦均列爲邑按衛侯鄭初以附楚晉文公興師懼討而奔楚使元咺立其弟叔武以主其國叔武不當攝而攝焉春秋書衛侯出奔楚而名踐土之盟叔武與諸侯並列而書衛子不書衛侯蓋內無君不嫌故鄭不書名也然則郕伯不名豈有隙于國人迫之使出而內未有君歟據莊八年郕降于齊師郕宜滅矣然春秋未必皆如齊人降鄣遂取之爲附庸如奉許叔居許東偏之類或

服罪而釋之如楚子圍鄭退三十里許之平類郕降至是七十二年若初許之平則國固在若屬之以爲附庸則後或能自復其國如許叔入于許則郕亦當復存也郕滅後猶再見以爲郕已降齊國不應猶見于今則又過矣

吳楚徐越皆中國之裔以其習夷狄春秋皆以夷狄書之君臣初不得以爵與名見吳至札楚至椒來聘君子始進之書名焉秦伯使術來聘秦亦伯翳之後而近西戎殽之戰穆公以詐襲鄭書晉人敗秦于殽令狐之戰

康公以黨不正而玩兵書晉人及秦人戰于令狐皆貶秦之辭也然則令術始以名見與札椒同文何以知春秋之不狄秦而吾以爲大夫之再命者歟春秋美惡不嫌同辭秦之初其君蓋嘗書爵以秦伯見矣吳楚僭王秦未嘗僭秦豈吳楚之類乎穆公之誓而刪書亦取之則秦之異乎吳楚無害其爲同文也其前狄之者𥘉焉爾

鄆有二有莒鄆有魯鄆杜氏莒鄆爲東鄆莒所爭者其地爲城陽姑幕縣南員亭文十二年季孫行父城諸及

鄆者是也魯鄆爲西鄆昭公所出居者其地爲東鄆廪丘縣東鄆城十六年季文子自莒丘還待于鄆者是也皆以爲邑然春秋書入鄆者再襄十二年莒人伐我東鄙圍台季孫宿帥師救台遂入鄆成九年書楚公子嬰齊帥師伐莒庚申莒潰楚人入鄆杜氏遂皆以爲莒之別邑以吾攷之春秋未有書入邑者何獨書于鄆乎穀梁言受命救台不受命入鄆以爲惡季孫宿則鄆與莒不相及也伐莒書莒潰初言楚公子嬰齊後別出楚人入鄆則入鄆亦無預于莒潰而左氏乃云遂入鄆莒無

備也夫莒潰而入莒言莒無備可矣鄆自鄆莒自莒何得以莒言鄆乎蓋鄆莒附庸之國也救台而入鄆奪其屬國而救之爾以爲非受命之本謀故遂書莒潰因以其餘力入鄆故別出楚人前言嬰齊後言人則未必嬰齊親行也昭元年書取鄆左氏謂伐莒取鄆是也此莒之鄆與取邿取鄟同文取附庸之辭也故未幾而疆其田公羊以爲內邑不聽我而書誤矣二十五年書齊侯取鄆則魯鄆也蓋叛而從季氏故齊侯取之以居公則公羊穀梁以爲內不言取爲公取之者是也故明年書

公至自齊居于鄆左氏以爲魯地二十九年而潰亦迫于季氏而不附公也城諸及鄆與成四年城鄆皆魯鄆也杜氏以諸鄆爲魯所爭者非是莊二十九年城諸及防固我邑則鄆不得爲莒邑也昭元年三月取鄆左氏載季武子伐莒取鄆莒人告于會事全不可據魯莒各有鄆傳註多差互以經攷之惟成九年楚人入鄆襄十二年書季孫宿救台入鄆此二鄆爲莒鄆爾其他皆魯鄆也蓋凡內外取邑未有不先繫國者我伐邾取須句莒人伐杞取牟婁之類是也惟取附庸不繫國蓋附庸

自我國取之而其國猶存春秋附庸更自相屬非天子所命非其國所得有故特異文以别之則內取鄟取鄣外取徐是也今季武子果嘗伐莒而取之春秋何爲不如邾先見伐而後言取耶號以正月會而鄆以三月取莒人蓋不預會也以爲會已散而取之耶則莒人安得遽告于會以爲會未散而取之耶則號之會是宋之會也諸國之大夫方以弭兵爲約季孫何爲獨敢犯之且莒自襄十二年伐我東鄙圍台之後十六年溴梁之會晉爲我執莒子自是不復加兵于我則莒魯之怨亦已

息矣非有大故何至豹會于外而宿伐于內蓋左氏妄謂虢會散三月盟故莒得以告此亦不然宋盟而再見地此大夫之甚美也虢而能此春秋何爲略而不書乎其載叔孫豹之辭曰雖怨季孫魯國何罪叔出季處有自來矣吾又誰怨其意以楚請戮豹而豹不以宿居守而伐爲怨亦是自宣成以來叔孫季孫未嘗不更出入豈必皆叔出季處是會罪楚得專趙武亦何用力請于楚而後能免豹本末無一近實者徒爲此侈辭爾姑以經爲證則此我邑而外嘗侵之因會復歸故與取鄆例

同書杜預知不先書伐之爲疑而附益之以爲兵未加莒而鄆服其妄誕尤可知也

大室屋壞公羊以爲魯公廟曰世室者按明堂位言魯公之廟文世室也武公之廟武世室也蓋周存文武二祧不毁遂稱世室此魯之僭禮而明堂位誤載之今經書大室則非世室也大者始廟之稱也大室謂當大廟之室謂其在中而藏主者也洛誥王在新邑烝祭入大室祼此其證也杜預獨知之穀梁言大室猶世室遂以伯禽爲大室益可見其附會矣

朱子哀不名賢之是也三命之大夫乎再命也三命之大夫以氏見進而稱字亦不當與仍叔家父繫之氏凡不應以名氏見而進之稱字者皆曰子某王人子突是也

文公書公四不視朔左氏先書正月及齊平公有疾使季文子會齊侯于陽穀請盟齊侯不肯曰請俟君間後書夏五月公四不視朔疾也而不言書之義公羊曰公曷爲四不視朔公有疾不視朔自是公無疾不視朔也然則曷爲不言公無疾不視朔有疾猶可言也無疾不

可言也公羊先解齊侯弗及盟不言公有疾蓋公羊未知公疾之實但于不視朔聞其義故經雖無有疾之文而公羊以爲說者其傳之有自也此亦見左氏傳事公羊傳經之驗也蓋公自正月有疾至六月而愈因之遂不視朔經特舉其有疾以著無疾之罪而不言有疾者惡其斥之太甚故以書不書微見之而已昭公如晉至河乃復有五而一書有疾蓋復者五惟一爲有疾既以並書則不得不書以別之文公疾愈遂不視朔不可以並書故略而不書則書者不必言有疾也公羊以爲自

是公不視朔者是也非特文公爲然宣公而後遂循以爲常矣此子貢所以欲去告朔之餼羊歟穀梁但以公厭政爲不臣此既不知事又不知義姑以其文意之爾

春秋攷卷十三

春秋攷卷十四

宋　葉　夢　得　撰

宣公

反馬不見于禮杜預謂送女留其送車謙不自安三月廟見遣使還馬高固遂與叔姬俱來故貶此與解致女之辭略同婚禮萬世之本也其道一成而不可變所以重夫婦之義承先祖而繼後世豈有既成禮而復留以待三月開無故出妻之道哉此蓋杜氏不知三月廟見爲舅姑歿故槩以爲婚姻之常禮以附會左氏之說詩

鵲巢言之子于歸百兩御之又曰百兩將之御者迎也將者送也鄭氏謂諸侯之子嫁于諸侯送御皆百乘夫有以送之必有以反之此禮之所當然故士昏禮有舅姑饗婦人送者亦酬以束錦若異邦則贈丈夫送者以束錦婦人送者隸子弟之妻妾凡饗速之夫如是則送車與之歸矣何待三月而始反馬乎古禮殘缺漢初諸儒所記多不具本末三月廟見曾子問不明言爲舅姑歿故學者攷之不詳不免相承謬誤大抵禮生于人情親有遠近則情有隆殺宗廟固以事其先而禰廟爲尤

重記曰卜郊受命于祖廟作龜于禰宮尊祖親考之義也鄭氏謂卜昏亦如之則親考固有別于祖者矣昏禮同牢之夕婦固已見于廟至質明贄見婦于舅姑執笲棗栗腶脩所以成婦禮舅姑入室盥饋以特豚所以明婦順厥明而舅姑共饗婦以一獻之禮授之以室事所以申著代至是而後婦道盡此施之于舅姑存者也若舅姑歿此禮無所施故必以三月擇日祭于禰廟而祖不預焉蓋亦尊祖親考之義若未廟見而死是未嘗見舅姑固未成其爲婦則不祔于皇姑歸葬于女氏之黨

此豈爲舅姑存者言舅姑存亦行此禮則何禰之云乎曾子問不明言舅姑歿自以禰廟見之何杜氏之疎略如是左氏所謂反馬者亦無足據矣

何休膏肓破左氏反馬之說當矣鄭康成復言士昏禮士與大夫而上異謂士妻乘夫家之車無反馬大夫而上自乘其車者反馬以詩之子于歸百兩御之爲證尤非是自天子至于士昏禮之隆殺則有辨矣而納采至親迎必不可無者未嘗異也何獨反馬而異乎謂之親迎其必有車所謂御輪三周者以己車爲重也而詩之

所云以自送者言之豈有送女而不以車婦人以衆多爲美故曰百兩不然亦不得兼百兩而皆留此先儒黨同之弊錯亂經旨而妄騁其私每如是也

繹祭祭之明日又祭也孝子所以求神者于正祭盡之矣猶以爲未足故于明日又禮尸于廟門之所謂之繹祭亦曰賓尸詩絲衣所謂繹賓尸者是也禮大祭祀省牲視具皆宗伯而絲衣之詩言載弁俅俅自堂徂基自羊徂牛鼐鼎及鼒鄭氏謂弁士服也繹禮輕使士蓋正祭主于神故爲禮重繹主于尸故爲禮輕仲遂卒于垂

譏壬午猶繹者非謂當廢其正祭當廢其繹祭以其禮輕而所主在尸故檀弓記孔子之言曰卿卒不繹不言不祭而言不繹則所廢者惟繹而已矣而學者或言卿喪當廢祭者誤也夫豈有宗廟之祭而以卿大夫之喪廢之者乎孔氏引沈氏云按曾子問嘗禘郊社鼎簋既陳天子崩后之喪廢則卿喪不廢正祭而繹于祭爲輕故當廢此言是矣

舞有武舞有文舞干舞武舞也干楯也戚斧也左手執楯右手執斧以象武事者也羽舞文舞也詩碩人所謂

左手執籥右手秉翟者也籥者吹之以節舞而翟則羽也舜典言舞干羽于兩階者以征有苗言之故用武也古者爲此二舞各隨其樂之所作樂象武功則舞以武舞明堂位言朱干玉戚冕而舞大武是也樂象文德則舞以文舞皮弁素積裼而舞大夏是也六代之樂有分而用之者有合而用之者分而用之則或以武舞或以文舞不兼備合而用之則文武迭用謂之徧舞王子頹饗五大夫樂及徧舞是也而武舞亦或謂之萬舞詩言公庭萬舞萬舞洋洋萬舞有奕之類是也或謂之兵舞

周官舞師言教兵舞鼓人鼓兵舞之類是也文舞亦或謂之籥舞詩賓之初筵言籥舞笙鼓之類是也其言不同各隨其所主而孔氏解萬舞以爲王者以萬人服天下故以爲名誤矣或疑碩人既言執籥秉翟則萬不得獨爲武舞毛氏謂言其能武舞又能文舞此理亦通則不害其爲武舞杜預解獻六羽爲萬舞者誤也公羊子萬入去籥言萬干舞也籥羽舞也義同毛氏用武舞不用文舞故言去其有聲者廢其無聲者然舞必以樂爲節叔弓卒去樂卒事則去舞固可知矣今止言去籥則

樂猶存乎夫存樂而去籥此必不然意者去樂而使徒舞又于舞之中而去籥舞籥猶存則去樂可知矣禮未有無樂而徒舞者不言去樂亦以見徒舞之非也

周官大司樂以樂舞教國子曰雲門大卷大咸大磬大夏大濩大武此六代之樂皆以教舞則所謂六舞者以此六樂爲節故奏雲門而舞者謂之雲門之舞奏咸池而舞者謂之咸池之舞樂以一變爲一成則舞亦從樂之一變爲一成武宿夜所謂始而北出再成而滅商至六成復綴以崇者是也籥者又吹而節舞者也籥以有

聲猶且去之其去樂固可知矣則萬入去籥豈非所謂徒舞者乎蓋古者禮樂之壞亦或有不樂而舞者如楚子元欲蠱文夫人爲館而振萬之類蓋未必有樂不然存樂而但去籥其意安在此理之必不然者也

文武皆舞也而詩獨言萬舞而不及文舞蓋周樂以大武爲最盛故獨列于六代之樂而不及象勺所謂舞莫重于武宿夜者也祭祀之禮入舞君執干戚就舞位冕而總干率其羣臣以樂皇尸而大司樂以享先祖者亦舞大武此魯頌所以舉萬舞洋洋也禮十三誦詩舞勺

成童舞象先儒以勺爲文之小舞象爲武之小舞則周樂之重大武固可知矣商頌言萬舞有奕商樂大濩亦武樂也碩人言公庭萬舞次及執籥秉翟凡樂皆先奏武樂次奏文樂此先後之序賓之初筵籥舞笙鼓而不言萬舞蓋主樂既和奏烝衎烈祖爲言故以舞之卒事見之爾然則萬入去籥其亦先後之序歟

檀弓既葬反日中而虞士虞禮日中而行事先儒言朝葬日中而虞周人尙赤大事用日出朝葬而日中者時日之正君子舉事必用辰正此古者葬與虞之節也敬

㵸雨不克葬言日下昃乃克葬公羊以而與乃皆爲難辭而謂或言而或言乃乃難乎而也蓋日中而克葬猶不失虞之節日下昃乃克葬則過乎虞矣君子之于親弗忍一日離也于葬之日以虞易奠而又用其時日之正過乎時不惟危其不得葬又且恐失其虞之節故以乃見難所以重孝子之情也

所以事其君者莫大于忠所以事其親者莫大于孝忠孝者立人之道相與並生于天下不可須臾而廢者也聖人不輕以許人所以嚴天下而使莫不知所畏亦不

輕以絶人所以通天下而使莫不知所勸是春秋于此未嘗不致慎焉陳靈公君臣宣淫于朝洩冶聞之入諫曰使國人聞之則可使仁人聞之則不可靈公愧其言而殺之未幾夏徵舒遂弑靈公自人臣言之洩冶天下之至忠也然春秋書曰陳殺其大夫洩冶與凡殺大夫者無異辭晉獻公嬖驪姬欲殺其世子申生或謂太子辭君必辨焉申生曰我辭姬必有罪曰子其行乎曰君實不察其罪被此名也以出人誰納我遂縊而死自人子言之申生天下之至孝也然春秋書曰晉侯殺其世

子申生與凡殺世子者無異辭是豈以其忠孝爲不足錄乎洩冶陳之正卿也靈公之惡其所由來者亦有漸矣使洩冶而盡大臣之道以格君心之非諫于其始可也有不得已則正公孫寧儀行父之罪而誅之亦可也不然三諫不從則去而已矣而洩冶歛其惡至于不可爲而後斥之曰吾能無所畏云爾洩冶死而君弒國幾于亡則何取于諫乎洩冶之忠君子所不貴也則與凡大夫而殺之者同也舜之事瞽瞍也負罪引慝小杖則受大杖則逃日號泣于旻天使之完廩從而焚之舜不

死于廩也使之浚井從而揜之舜不死于井也至于告而娶則不得娶于是不告而娶焉其祗載見瞽瞍夔夔齊栗瞽瞍亦允若則申生辭之而辨其讒去之以免其禍可也孰與陷其父于不義而自棄其身于死乎申生之孝君子所不爲也從洩冶則天下無賢君從申生則天下無慈父君君臣臣父父子子豈以洩冶申生廢之哉故寧屈趙盾以立爲人臣之道而不許洩冶得爲忠寧枉許止以立爲人子之道而不許申生得爲孝非春秋莫能定也

內反邑未有言我者左氏穀梁皆不爲義惟公羊言我未絶于我也亦非是劉氏以爲别齊濟之名此蓋見經先有書公及齊侯遇于魯濟杜預謂濟水歷魯界在齊界爲齊濟在魯界爲魯濟故用之爾然濟旣歷齊界其地亦必各有名何不名其地而必以濟别之河亦臨晉秦界天王狩于河陽晉侯與秦人戰于河曲何獨不别則魯濟自當爲地名非别濟名也夫如是則濟西何有于齊蓋前旣言取濟西矣則後無嫌于非我地審必當辨則公追戎于濟西此尤不可不正者何爲不言之則

我非别曾明矣
孟子曰夏后氏五十而貢殷人七十而助周人百畒而徹其實皆什一也夏法禹貢備矣商法則井田也而其詳不可見周法雖載于周官而無徹之名孟子言詩云雨我公田遂及我私以惟助爲有公田雖周亦助則當孟子之時周法已不能盡見特以詩推之而已鄭氏匠人注謂周畿内稅有輕重而諸侯逼其率以什一爲正謂之徹以詩攷之公劉言徹田爲糧崧高言徹申伯土田與論語有若告魯哀公以盍徹皆諸侯之辭其言或

然則徹者邦國之名不通于王畿所以不載于周官也至于推載師司馬法而謂畿内用夏之貢法稅夫而無公田推詩春秋論語孟子謂邦國商之助法制公田而不稅夫則得之而未盡耳遂人言以興耡利甿而里宰以歲時合耦于耡里宰亦遂宰也耡者借力以治公田之稱故其粟謂之耡粟則謂王畿無公田可乎噫嘻祈穀于上帝曰駿發爾私而雨我公田亦大田之所歌則王畿固行藉法矣載師所言近郊遠郊者此謂六鄉六遂外官田七等之閒田而稍甸縣都者亦三等采地四

等公邑之田天子使大夫治之者故行貢法而六鄉六遂與三等公卿大夫之采地者皆井田也諸侯之用藉法以孟子言請野九一而助春秋譏初稅畝則固然矣然孟子亦言國中什一使自賦則諸侯之國中蓋亦有用貢法者要之地有園廛山澤之類不能皆井牧而爲田民有士賈藪牧之類不能皆受田而爲農于其井牧而受田者則藉之非井牧而受田者則貢之王畿與邦國一也而王畿之貢或二十而三或二十而五而諸侯之貢均爲什一以戒其貪暴爲法不同此鄭氏所謂徹

者則徹乃合貢與籍而通為什一之名也貢雖夏氏取民之名而禹貢厥田惟上下厥賦中上厥貢鹽絺海物惟錯之類則貢本施于田賦者取田之名也孟子言五十而貢者或五十畝或七十畝或百畝以田畝制法之數以其與貢俱通謂之貢爾周官以九賦斂財賄以九貢致邦國之用其名雖與夏同而其法則異九賦者王畿之名九貢者邦國之名其實皆財賄王畿以天子取之為主故謂之賦邦國以諸侯獻之為主故謂之貢而非田也若閭師以時徵其賦而言任農以耕事貢九穀

任圃以樹事貢草木之類則又合王畿邦國與貢賦之別爲一名所謂貢者萬民之貢也蓋貢賦有爲法一定之名有各隨其事與物而取之之名故九賦九貢法之定名也如職内言邦國之賦入職歲言邦之賦出大府言凡邦之賦用與閭師之言貢者隨事與物而取之之名也非特是二者而已大司徒言天下之地征鄉大夫言國中及野之征與夫家之征㳽林之征之類則又有名之征者矣梟氏言槩而不稅司稼言以歲之上下出斂法里宰言徵斂其財賦小司徒言稅斂之事之類則

　十七

又有名之稅與斂與徵斂稅斂者矣其名甚雜是以學者多惑之要之九賦九貢之外皆非定名曰賦曰貢者通言取財之總名也其餘或謂之征或謂之稅或謂之徵或謂之斂或謂之徵斂或謂之稅斂各隨其事與物而其爲取之之義則一也

公羊素王之論起于宣榭災吾固正之矣此其說蓋起于家語齊大史子餘美孔子云天其素王之乎儒者因之遂以孔子爲素王而以左丘明爲素臣蓋雖杜預猶知其非也公羊妖妄本不至于是然作俑之始實有以

開其端吾嘗以三家論罪于孔氏之門公羊爲上左氏次之穀梁爲下左氏誣于事公羊誣于理誣于事者猶有意于附經而誣于理者蓋併經而亡矣惟穀梁在事理之間有不至焉者自其傳之失乃其心則未嘗敢亡經而不顧也

成公

杜預注作丘甲以丘出戎馬一匹牛三頭甸出長轂一乘戎馬四匹牛十二頭甲士三人步卒七十二人謂之周禮此于周官正文無見蓋司馬法也司馬法世亦不

復見時見于先儒傳註所引吾以周官攷之其言皆合但周官不言其數而司馬法加詳蓋皆出于周之舊典也且曰六尺爲步步百爲畝畝百爲夫夫三爲屋屋三爲井以夫三爲屋而三之爲井即周官所謂九夫爲井者也小司徒云攷其夫屋矣曰四井爲邑四邑爲丘四丘爲甸亦與周制正同則所謂長轂牛馬甲士步卒者乃周官所謂車輦六畜兵器者也故縣師云若將有軍旅會同田役之戒則受法于司馬以作其衆庶及馬牛車輦會其車人之卒伍使皆備旗鼓兵器而稍人若有

會同師田行役之事則以縣師之法作其同徒輂輦而
大司徒總言會萬民之卒伍以令貢賦言貢賦則馬牛
車輦兵器皆在其間矣是以建國大夫曰百乘諸侯曰
千乘天子曰萬乘而甸官亦謂之丘乘之政令丘以地
言乘以車言則古之言國與軍者或以其人或以其地
或以其賦參互不同也故吾論丘甲以杜氏爲然云
先王軍賦固不載于經所謂司馬法者世亦不復見其
說出于司馬穰苴因先王之制而增損之者也鄭氏所
引以解小司徒者前所謂采地法也十井爲通即井田

之丘而出馬一匹士一人徒二人十通爲成卽井田之甸而出車一乘士十人徒二十人杜預所引以解春秋丘甲者前所謂邦國法也丘出馬一匹牛三頭而無士與徒至甸出車一乘則馬四匹牛十二頭甲士三人步卒七十二人邦國丘未有士與徒而采地通有士一人徒二人則已重邦國甸車一乘出甲士三人卒七十二人牛十二頭而采地車一乘出士十人徒二十人而無牛則已輕以周制近郊十一遠郊二十有三之制攷之輕近者而重遠者理或有之然甸出不過二十人以積

數論則幾十家出一人之役而丘亟使之出士一人徒二人則過重或疑于丘甲之類乃後世諸侯之政輕重殊不倫若小司徒旅師遂人皆及六畜車輦則王畿一乘之賦乃不及牛馬亦皆異于古制也

臧宣叔論諸侯卿大夫位次曰次國之上卿當大國之中中當其下下當其上大夫小國之上卿當大國之下卿中當其上大夫下當其下大夫以爲古制此與王制所見正合以周官典命及王制攷之但有大國小國兩等無次國之别且先王之辨九儀惟以命數王之下士

一命受職故子男之大夫亦一命王之中士再命受服故子男之卿亦再命王之上士三命受位故公侯伯之卿皆三命如之何而有次國乎意者臧宣叔之言亦周之末造漢儒不能辨而誤取之爲王制非宣叔之言合于王制也宣叔之言雖爾亦自有不能守荀庚于晉位在三則下卿也而孫良夫于衛爲上卿以先王之制言之荀庚正可當小國之大夫視良夫猶卑二等而言衛在晉不得爲次國是將貶衛爲小國使荀庚與孫良夫爲一等而以晉主盟先之則春秋時國之大小皆不用

爵但以强弱國且如是而况大夫之位乎
季孫行父如宋致女公羊以爲録伯姬穀梁始言婦人
在家制于父既嫁制于夫如宋致女是以我盡之也不
正故不與内稱范甯以致爲致敕戒之言不與内稱謂
不言使也又曰逆者微故致女詳其事賢伯姬也且穀
梁既以女嫁父不當致敕戒爲譏復以逆者微詳之以
賢伯姬録伯姬乃公羊釋納幣之説後以致女再見穀
梁初無此意似是本但爲前説後見公羊之言竊取而
附之不知自離而爲二皆非實有聞于傳經者杜預言

女嫁三月又使大夫隨加聘問謂之致女所以成婦禮篤昏姻之好此吾無見于禮者不知杜氏何所據曲禮納女于天子曰備百姓于國君曰備酒漿于大夫曰備埽灑鄭氏謂納女猶致女也壻不親逆則女之家遣人致之此其辭也則鄭又謂壻不親迎而送女爲致女雖亦行父爲證彼但見宋有納幣無逆女以爲不親迎而送之然先已書伯姬歸于宋矣何至是始送女乎以吾攷之公羊穀梁皆非是若鄭氏者其說自見其所學而弗悟也此卽曾子問所謂三月廟見稱來婦之禮鄭氏

言謂舅姑歿者也吾于反馬言之矣反馬致女本一事諸儒遂而析爲二自左氏失之致之爲言如致日致月之類率彼以致此之辭也致女猶致仕致齋自我送之云爾夫有逆女必有送女楚娶于晉晉侯使韓起叔向送之薳啓彊曰晉求昏而薦女君親送之上卿及上大夫致之是已舅姑存逆而送之則致之于舅姑舅姑歿女雖見于廟未奠菜未成其爲婦三月而廟見復使人致之則致之于廟人情所宜然也故逆而致之者韓起之言致者是也三月而致之者行父之言致者是也伯

姬先書宋公使公孫壽來納幣此常事不當書吾以爲見正則累書三媵及致女者皆以是著之耳因宋故以示後世也或言宋公納幣三媵致女三書皆以譏喪娶此求其説而不得故以宣公書公子遂如齊逆女例推之以爲喪娶爾其實無見于經按此宋共公之六年也春秋書宋公鮑卒之後共公即位蓋六年矣何喪之云其意若以爲母喪使春秋可以是求則孰不可以強行其意乎吾故得之以爲見正者非深于禮不能究也

周公出奔晉言出王子瑕奔晉王子朝奔楚不言出公

羊以周公自其私土出穀梁以與天王出居于鄭上下一見之瑕朝公羊俱不爲義而穀梁以朝爲直奔然言周公則自京師出矣何以知其爲私邑乎若謂王臣皆以失位去國爲貶則當如諸國大夫凡奔皆書出何必獨一見于周公乎其出未有不自其位遽去何獨于瑕朝深責之也此皆不知王臣與列國之卿大夫異吾前言之矣諸侯大夫出奔其罪在奔不在出特別其國中見内外之辨爾文七年先蔑奔秦先蔑先在秦從公子雍歸令狐之戰不勝復奔還秦自令狐而奔未嘗入晉

國中故不言出宣十八年公孫歸父聘晉還至笙聞仲
遂逐其家不入其國遂奔齊自笙而奔未嘗入魯國中
故亦不言出乃王臣王子瑕自周奔晉王子朝自王城
奔楚不言出而周公奔晉言出此乃以義責之非諸侯
大夫之所得同也

諸侯無事歲以禮見乎天子朝覲宗遇四時之常朝也
若夫時見之會殷見之同乃四時非常之間朝書曰六
年五服一朝蓋五服諸侯每歲一服入見五服當朝之
歲四方各以時來東方以春南方以夏西方以秋北方

以冬至五年而一周然後六年皆一朝焉此周制諸侯朝王之節也春秋之法凡朝皆書如外如不書非其事也而終魯之世十二公其如京師僅一見于成公而已不應如是其疎或曰五服諸侯各以其歲與時朝而不失節皆常事故不書此宜有之然以桓公即位至莊公而始錫命是終桓之世未嘗朝也則不朝與朝不失節者何以別乎蓋桓之不朝于無王既見之矣不疑其爲朝不失節也然則周雖衰魯之諸公非桓公皆不失其常朝之節矣其于成公特書者古者四時之朝各以其

孟月吾何以知之以朝廟推之諸侯歲一朝廟必以正月謂之朝正蓋作事必于其始事死猶然而況于生曾于五服爲男服三歲一朝十三年五朝朝之節也不以正月朝而以三月蓋是歲諸侯方約五月爲伐秦之役故緩之卽三月而朝故特舉而見如以爲此非春朝又非會同之朝猶諸侯之相過自伐秦過京師卽之以見王爾其慢上孰甚此乎襄王使宰周公聘僖公公復使公子遂報聘于周因以聘晉春秋書公子遂如京師遂如晉鄭氏謂遂受命如周如晉尊周不敢使並命使若

公子遂自往故言遂此猶可爲之辭也若公親行因秦以朝周則不可曰遂會諸侯伐秦此不可爲之辭者也不可爲之辭吾末如之何也已矣

諸侯之邦交所謂殷相聘者殷之爲言中也猶以殷仲春之殷故禮記有聘義儀禮有聘禮聘義曰天子制諸侯比年小聘三年大聘聘禮曰小聘曰問久無事焉則聘若有故則卒聘束帛加書將命鄭氏以比年小聘爲歲相問之聘三年大聘爲殷相聘之聘近之矣然大聘不必限以三年也以無事之聘爲無盟會之事有故之

聘爲宋災之類則因事而命使亦謂之聘是諸侯使客之往來均謂之聘無事而殷聘在臣禮爲最盛者則正名之聘包存省之類則其禮之小者或有故之聘則槩名之問故問不享有獻不及夫人主人不筵几私而不升不郊勞其禮如大聘之上介而已禮之所記所以止存聘義聘禮而略問禮蓋舉大以見小而或者乃謂存省之類其禮亡者非也此周制之見于經者然鄭游吉言文襄之霸其務不煩諸侯令諸侯三歲而聘五歲而朝有事而會不協而盟則聘之禮簡而朝之禮數固已

異乎古矣

宣八年六月公子遂如齊至黃乃復有疾也後書辛巳仲遂卒于垂杜預以垂爲齊地不書喪至成十七年冬公會單子晉侯宋公衞侯曹伯齊人邾人伐鄭十有一月公至自伐鄭壬申公孫嬰齊卒于貍脤嬰齊爲公請晉不與公同至也何休以貍脤爲魯地不書喪至諸侯卒于境内地謹變也大夫卒于境内不地略之也必有見焉然後特書嬰齊之書録其從公伐也諸侯及夫人卒于他國皆書至告廟也大夫卒于他國不書至不告

廟亦略之也故公孫敖卒于齊但書齊人歸公孫敖之喪蓋齊人飾其棺于堂阜而惠伯取之非使人歸之也故亦不書來歸然則單伯執于齊叔孫婼執于晉皆致何以卒不致而執致乎爲其以國事行是以錄之者也

又曰公子遂如齊至黄乃復仲遂卒于垂大夫受命出疆雖有疾不得還死則以尸將事仲遂之復固非矣然實有疾也故地公孫敖如京師不至而復丙戌奔莒則非有疾直廢命耳交諸侯而廢命且不可況朝天子乎故不地地者見其至于是而疾爲不得已也不地者不

在地之遠近苟不至焉者皆罪也
宋殺其大夫山左氏載其事甚詳而本末皆與經不合始言華元爲右師魚石爲左師而蕩澤華喜公孫師向爲人鱗朱向帶魚府皆爲六卿蕩澤弱公室殺公子肥則爲亂者蕩澤一人而已及華元出奔而魚石復之則魚石蓋無惡于華元也華元歸而攻蕩氏殺子山所以正蕩澤之罪則何預于魚石向爲人鱗朱向帶魚府五人而出舍于睢上乎且華元始奔魚石欲止之而魚府不從恐其歸必討桓氏魚石以其族強自以華元爲必

不敢討則攻蕩氏而殺蕩子山正如其言桓氏五族無
故自必不弃此先後全不相貫左氏載諸國人大抵名
字及謚皆與經參見經書名者傳多書字或謚蕩山而
言子山以不書氏爲背其族度其意似以子山爲蕩澤
之字故先言蕩澤殺公子肥後言華元殺子山相附會
蓋左氏不知大夫未三命不稱氏及一事再見者卒名
之二例故以氏族爲褒貶翬伐鄭以爲疾之公子翬如
齊逆女遂以夫人姜氏婦至以爲舍族尊夫人且必以
去族爲貶爲有所尊則内之無駭柔挾溺之類外之鄭

宛莒慶楚椒吳札秦術之類豈皆貶而有所尊乎必以書族爲美則凡內外之帶公子者豈皆有可美者乎若不以是齊之則未賜族與貶而去族賜族與美而稱者何以辨此理之必不然者也況蕩澤果以背族而不氏則去蕩足矣何併澤去之而書其字乎以此推之蕩澤蓋蕩山之字未三命故不氏左氏欲以名字參見而誤以澤爲名也此一事而不合于經者三以蕩山爲蕩澤一也經書華元自晉歸于宋則晉爲所挾而言華元止河上不至晉而復二也經書魚石出奔楚事必與蕩山

相及而言魚石與魚府五人無故出奔魚府爲主而經不見四人三也

晉殺其大夫郤錡郤犨郤至又晉殺其大夫胥童左氏謂晉厲公多外嬖欲盡去羣大夫而立其左右胥童與欒書皆怨郤氏厲公將作難胥童請先三郤而殺之繼而又以甲劫欒書中行偃于朝故欒書中行偃復殺胥童以此攷之三郤蓋殺于胥童胥童蓋殺于欒書中行偃是兩下相殺也左氏以爲民不與郤氏胥童導君爲亂故皆書曰晉殺其大夫非也三郤之後胥童之專而

厲公𡚁于胥童使得行其怨胥童旣劫欒書中行偃而復使之並爲卿厲公之不君自有其罪凡兩下相殺皆以其私而不及國如楚公子棄疾殺公子比之類是已胥童欒書中行偃雖各以其怨亦厲公爲之故以國殺左氏不知此葢以其國殺爲衆殺之辭遂强以民不與郤氏胥童導君爲亂以成其說凡左氏解經未必有實臨時附會每如此不可不察也

彭城不目宋所以定楚宋之分也魚石叛宋而卽楚楚爲之伐宋取彭城而封之魚石終不可謂之楚臣彭城

終不可謂之楚城是宋魚石復入于彭城爾及仲孫蔑會諸侯之大夫圍彭城則魚石已從楚彭城已爲楚有故復繫之宋曰圍宋彭城而後楚之登叛臣侵中國者無得而肆吾故曰不使魚石得有宋邑也乃鄭叛而從楚戚之會仲孫蔑合諸侯之大夫城虎牢蓋將以逼鄭使知畏不使虎牢得爲鄭有曰是天子之地諸侯可得城以正鄭者也故不目鄭及其服也已而爲之戍以防楚則虎牢固鄭邑非遂取而有之者也故復目鄭吾故曰戍之非以外之也君子之于言如是其嚴也彭城不

目宋不使有别于宋也虎牢不目鄭不使得有于鄭也
彭城復目宋不使得有于楚也虎牢復目鄭不使有别
于鄭也若相反也實相同也

春秋攷　卷十四

朱攸校

春秋攷卷十四

春秋攷卷十五

宋　葉夢得　撰

襄公

鄫子爵葢成國也不可以爲附庸襄公初立如晉聽政請屬鄫晉初不許孟獻子爲之言已而聽之故明年書叔孫豹鄫世子巫如晉左氏謂穆伯覿鄫世子如晉以成屬鄫言比諸魯大夫是也禮諸侯之適子攝其君下其君之禮一等則公降侯伯侯伯降子男爾未誓于君則以皮帛繼子男之後未有屬之人者也惟附庸在邦

域之中則謂之社稷之臣鄫非附庸而魯欲屬之一罪也非受命于天子而請之霸主二罪也晉初辭之當矣旣復從而與之亦罪也亟爲國之世子不能世其國廢天子之禮而甘心于大夫之後亦罪也不待加之辭而四罪皆見此春秋之所以爲簡直者也雖然黃池之會吳人欲以魯哀公見晉侯子服景伯對使者曰敝邑之職貢于吳有豐于晉無不及焉以爲伯也今諸侯會而君將以寡君見晉君則晉成爲伯矣敝邑將改職貢魯賦于吳八百乘若爲子男則將半邾以屬于吳而如邾

以事晉吳入乃止旣而悔之夫以魯之大猶委命于吳欲率之以見晉則鄫固不足誅矣

戍陳戍鄭虎牢歸粟于蔡公羊皆以爲諸侯離至不可得而序故言我是矣而何休以爲刺中國之無信則非公羊之意凡諸侯圖事必會而皆在然後可序故外城與戍與歸粟同爲救災卹患而城虎牢城杞城成周以先會而後城故皆序戍歸粟或出霸主之命或各自致其好初非相期前後離至自不得而序故不序何以遽見其無信而罪之乎旣不得序則姑致我之所爲而已

公羊所謂故言我穀梁以爲内辭者而何休不能曉若城楚丘諸侯城緣陵義别有見則其辭自異矣

叔孫豹所論天子諸侯軍制國語載之可以見周之遺法學者或未盡曉嘗攷諸經與左氏所言所謂天子作師者言天子之六軍也元侯作師者言牧伯之三軍也公上公二伯也天子六軍將有征則以二伯爲之將故曰公師之以征不德胤征所謂胤侯命掌六師胤后承王命徂征者是也胤后蓋王之三公出封于胤者孔氏以爲大司馬誤矣卿牧伯之三卿也元侯三軍將有征

則各有天子之命以其卿爲之將故曰卿帥之以承天子采薇所謂文王之時以天子之命命將師而管仲言召康公命我太公五侯九伯汝實征之者是也自非牧伯皆不得有師但教民以衛其境則四時之田是也若牧伯出征則以其卿帥從之故曰帥教衛以贊元侯自伯而下皆無與軍則以其共元侯之賦而已子服景伯亦曰王合諸侯則伯帥侯牧以見于王公帥之者也伯合諸侯則侯帥子男以見于伯帥教衛以贊元侯者也衛州吁欲修怨于鄭而請于宋曰君若伐鄭敝邑以賦

與陳蔡從此則所謂帥賦以從諸侯者也季氏欲作三軍而豹以是爲言蓋以魯非方伯不可有軍故曰貢賦以共從者猶懼有討若爲元侯之所爲以怒大國無乃不可乎作三軍事三家言之皆不詳惟豹之言有證而左氏不載乃知左氏非魯之正史其不見當時事多矣而所載未必皆魯史故其事多失也

諸侯大夫三命書名氏下士一命書人春秋之常法也凡內大夫與外大夫盟會征伐未嘗不以其國爲序自非貶而稱人者亦無以士參大夫而序其上惟襄十四

年一歲而會與會伐者三向也秦也戚也惟戚會書季孫宿晉士匄宋華閱衛孫林父鄭公孫蠆莒人邾人各以國見名氏莒邾稱人則是也而向之會書季孫宿叔老晉士匄齊人宋人衛人鄭公孫蠆曹人莒人邾人滕人薛人杞人小邾人則齊宋衛三國以人先鄭蠆秦之伐書叔孫豹晉荀偃齊人宋人衛北宮括鄭公孫蠆曹人莒人邾人滕人薛人杞人小邾人則齊宋二國以人先衛括左氏謂是二會齊爲崔杼宋爲華閱衛爲北宮括皆以惰貶而書人惟衛括先惰後攝故獨得復見于

戚惰猶不共其職也攝猶能反之以整也不知其何據吾謂一歲而三爲會曾見季孫宿叔孫豹晉見士匄荀偃蓋皆中易人矣衞見北宮括孫林父亦再易人矣惟鄭蠆未嘗易則安知齊宋衞之初皆崔杼北宮括華閱乎意左氏求書人之意而不得但見戚會故意爲之説然華閱後不言攝何爲亦復見也且春秋盟會征伐以大夫將事其善惡是非方責其君大夫不能其役或不終其役取賂而還或敗而喪師之類多矣未嘗一貶于人何獨此二舉乃區區較于惰攝之間是殆不然以余

攷之此三舉者蓋晉悼公之時霸業始振向泰之會三國皆微者來非其大夫但以國爲序不復以爲別故士得居大夫上此悼公之爲爾春秋以爲是非禮不可爲後法故書其實以著之何以知其然襄二十六年亦見公會晉人鄭良霄宋人曹人于澶淵晉書人固主會者當在上而宋書人亦微者故序良霄下此悼公死其令不復行于後世者也春秋所書義之所在固有參差不齊者獨于序爵與人厭亂尤甚不可盡解蓋變亂舊典升黜先後惟其主會者是爲故但以實書而罪自見左

氏不悟乃欲遷就以爲曲說宜其不知經也
大饑爲民之食也故皆于冬書宣十年冬饑先大水也
十五年冬饑先螽也襄二十四年大饑亦先大水也僖
二十一年夏大旱宣七年秋大旱皆不書饑蓋旱害稼
而已大旱雖甚未至于全不入也大水則凡所及者皆
害矣螽見經者十一而以秋書者二宣十五年居一焉
其餘或在于冬或志月者其害固不深宣十三年十五
年皆以秋書而十三年不書饑亦其害有偏不偏也故
大水則見饑大旱不見饑民猶有食也或者以荒政行

故不饑豈有兩大旱皆荒政行二大水一蠡荒政皆不行乎傳公能行荒政猶可宣公曾何足預此穀梁謂二穀不升爲饑五穀不升爲大饑以別于嗛饉康三名皆不見于經亦不必然凡民乏食則志之有大焉又以志皆以重民事而已非以記穀粟之多寡也

昭公

左氏載楚子麇卒之事以爲公子圍之弑而春秋不書弑公羊穀梁以麇爲卷圍篡麇而立即靈王也而春秋後書靈王卒曰楚子虔不以爲圍麇與圍之名皆不同

或者以爲臣弑君而從赴告以爲卒非懲勸之意其名又皆異疑左氏之言妄吾以爲左氏固不可全據然必旁見其乖違有可參驗者然後可以義斷其是非今圍之事于左氏凡六七見皆相表裏至楚子執齊慶封殺之又載慶封曰無或如楚共王之庶子圍弑其兄之子麇而代之先後參見公羊穀梁于麇卒不爲義蓋不見其事不能爲之說故併其名失之而穀梁記慶封事與左氏正同但不著麇名此利害無所較而亦以爲公子圍而後言慶封不爲靈王服則圍之爲靈王審矣且爲

之說言春秋之義用貴治賤用賢治不肖不以亂治亂孔子曰懷惡而討終身不服其反覆如是之詳則與左氏之傳皆有自來非臆爲之者也凡左氏之說其弊最在從赴告夫春秋立大法正爲發人所不能知定人所不能斷也若顯知赴告之非從之而不革則顛倒名實錯亂善惡何貴乎爲經惟此一事特書者蓋正謂假之以見法者也學者不能曉或謂春秋有從赴告者固非而以爲不從赴告而併疑此說亦非也圍爲虔或謂後改爲虔

春秋書內外平六其三皆曰及凡平必我所欲也以內爲志言之其書及固宜矣惟昭七年一書曁齊平左氏不知亦內平而妄以爲燕與齊平吾既言之矣穀梁守曁爲不得已之說曰以外及內曰曁吾以爲然而不目其事焉或者猶以爲疑也夫事不可盡見固有屬辭比事而可推者請試以宋公之弟辰不然宋公之爲而欲以還公子地曰吾以國人出君誰與處仲佗石彄則宋之卿也非其同謀而強之使行故春秋書宋公之弟辰曁仲佗石彄出奔陳此非仲佗石彄之情也至其末也

宋公復不能反三人則與辰合謀以叛故以辰及佗彄與地書曰宋公之弟辰及仲佗石彄公子地入于蕭以叛由是言之君子之爲暨與及之辨者豈苟然哉蓋齊自襄之二十八年慶封來奔之後魯有納叛人之責昭之四年諸侯從楚執慶封殺之魯復不預會不相通者十有一年至是始求于齊而齊不得已從之則固非齊之欲也是以變文以示之見我之不能自強而幸人之與平爾吾何以知之後書叔孫婼如齊涖盟可以見矣定十年及齊平而後見叔孫州仇如齊十一年及鄭平

而後見叔還如鄭涖盟則婼之盟燕何預焉其不知暨之義既妄以爲齊求之又從而附益之以燕之事信乎左氏之好誣也

左氏以去年冬齊侯伐北燕今年正月書暨齊平遂掌上文以爲燕暨齊平春秋不書外平惟宋人及楚人平以宋故也自春秋之義燕齊何爲而得書乎左氏又不別暨與及之義曰齊求之也且左氏先載齊侯伐北燕將納簡公晏子曰不入燕有君矣至是又載燕人行成歸燕姬瑤甕玉櫝斝耳不克納而還審如此是燕人懼

伐而以賂免乃燕人求之安得言齊人求之乎若曰齊人求之則經當書暨燕平事與解自相反詳其文意燕人行成本與晏子言相續終去冬伐事暨齊平屬明年正月初不相干左氏不曉經旨又不推會事因文生義離而爲二判行成事繫于齊平之下以附會其說爾左氏此弊最多好以兩年事相蒙如寔來且以逆州公況此在疑似之間公羊穀梁不言所平公羊但解暨義不見其事不敢意決此猶有所忌憚也今據經齊侯伐北燕後六年見高偃納北燕伯于陽是前伐未服六年而

後再納簡公則燕齊固未嘗平也而齊平之後書叔孫婼如齊涖盟平之而後盟之則其平在魯無疑矣此不獨燕魯之辨要知學者當取信于經讀左氏者不先識其弊未有不爲其所惑也

葬陳哀公凡葬諸侯魯往會葬則書不會則不書今陳已滅矣無葬之者蓋其輿嬖袁克也袁克殺馬毀玉以葬楚人將殺之請寘之旣又請私私于幄加絰于顙而逃由是言之國已滅而無臣子自其嬖葬之固不以告則魯亦不得而會也且是時楚方强師猶未退縱袁克

來告魯亦何敢不憚楚而遽會乎況袁克欲以馬玉葬而不得僅請行其私畏之而葬不能告亦已審矣吾是以知楚因袁克之葬奪之自以爲名告于諸侯以掩其滅國之惡故魯得而會袁克所以請私于幄而不敢專尤以見主其葬者爲楚子也

平丘之會晉欲尋盟齊人不可叔向曰明王之制使諸侯歲聘以志業間朝以講禮再朝而會以示威再會而盟以顯昭明自古以來未之或易也此非文襄之所以令諸侯者歲聘以志業以爲大行人所謂歲相問聘義

所謂比年小聘爲明王之制可矣間朝而講禮以爲殷聘可乎而言自古以來未之或易攷之春秋之世未必皆然昭公九年仲孫貜如齊左氏曰殷聘禮也杜氏謂自叔老聘齊至今二十年禮意久曠故修盛禮是蓋以殷爲盛不以爲中其于三年遠矣而左氏于襄元年邾子來朝衞侯使公孫剽來聘發例以爲凡諸侯卽位小國朝之大國聘焉以繼好結信謀事補闕文元年公孫敖如齊發例以爲凡君卽位卿出並聘踐修舊好要結外援既非先王之制又非文襄之令故成四年宋共公

卽位使華元來聘襄五年鄭僖公卽位使公子發來聘
左氏皆以爲通嗣君是乃末世之所爲而以爲凡非也
要之春秋之聘若皆比年之問則小事固不書而殷聘
如二禮之所載使皆得其節則亦常事不書凡書者皆
以有爲爲之而非禮之常者也
叔孫豹謂自伯子男有大夫無卿帥賦以從諸侯言小
國亦無教衞之軍但共賦而已賦卽軍賦周官縣師之
所載者也春秋之時王政雖不行于天下然此法猶在
故平丘之會子產爭承于晉曰天子班貢輕重以列列

尊貢重周之制也卑而貢重者甸服也鄭伯男也而使從公侯之貢懼弗給也楚文王伐鄭鄭使王子伯駢告于晉曰君命敝邑修而車馬儆而師徒以討亂而蔡人不從敝邑悉索敝賦以討于蔡則鄭于晉蓋有常賦矣然鄭伯如晉不以時見子產曰以敝邑褊小介于大國誅求無時是以不敢寧居悉索敝賦以來會則不特有征伐而後供雖無事而朝亦有焉蓋僭天子會同之事如縣師所言此霸主之令猶之可也而衞州吁請于宋欲伐鄭而言君若伐鄭以除君害君爲主敝邑以賦與

陳蔡從豈以宋二王後爲公而得專征者歟若魯伐邾邾茅夷鴻請救于吳曰魯賦八百乘君之貳也邾賦六百乘君之私也則魯蓋嘗賦于吳矣楚子重請求申呂爲賞田申公巫臣不可曰此申呂所以邑也是以爲賦以御北方若取之是無申呂則申呂常賦于楚矣蓋當時吳楚皆爭霸惟其强之從雖魯亦不專于晉也故黃池之會吳人將以魯哀公見晉侯子服景伯對使者曰敝邑之貢于吳有豐于晉無不及焉以爲伯也今諸侯會而君將以寡君見晉君則晉成爲伯矣敝邑將改職

貢魯賦于吳八百乘若爲子男則將半邾以屬于吳而如邾以事晉且執事以伯召諸侯而以侯終之何利之有則魯舍晉而事吳有自來矣晉自平公失政而趙武專國至是三十餘年一會于厥慭將救蔡而不克一會于平丘以兵脅齊魯而盟之六卿侈偪而三晉之兆巳成故雖魯事吳亦不能討也

有事于武宮籥入叔弓卒去樂卒事叔弓預祭疾遽作而卒此事之猝然出于非意者故曰涖事籥入而經非謂叔弓卒于外而以告也魯能一時權宜去樂卒事爲

得禮故春秋書而與之而穀梁乃以爲君臣祭樂之中大夫變以聞可乎大夫國體也古之人重死君命無所不通公羊以爲君有事于太廟聞大夫之喪去樂卒事大夫聞君之喪攝主而往大夫聞大夫之喪尸事畢而往是謂大夫卒君在祭禮當得告此蓋不見叔弓涖事而卒之事妄爲之說也檀弓記衛柳莊有疾公曰若疾革雖當祭必告再拜稽首請于尸曰有臣柳莊也者非寡人之臣社稷之臣也聞之死請往夫言當祭必告者謂祭不當告故特使之告也請于尸而後往者謂不當

廢祭故請于尸也此皆以柳莊之賢有爲而爲之若于禮當告何用前期而命請而後敢往乎凡檀弓之所記皆禮之變而春秋之所書亦非事之常故柳莊之舉見錄于檀弓叔弓之爲特書于春秋不然自當爲常事不書矣仲遂卒而譏明日猶繹者蓋古之祭者必齋所以一其思故祭之日喪者不見既聞其死而致其哀矣若聞樂而祭則忘其哀若祭而去樂則貳其思故寧廢祭今既已在祭而有卒者不告而卒事未害其爲恩也可以不告而告反使不得成其祭而去樂以爲哀則不終

以爲祭則不一先王之制禮豈如是乎宗廟以事其先重也大夫國體亦重也卒祭而聞大夫死以大夫爲重則可廢其明日之祭大夫卒而在祭以宗廟爲重則可使侍而不卽告其輕重盡更相權矣涖事而卒于祭樂之中出于事之變則既不可廢祭又不可廢哀是以許其去樂卒事爲兩不相傷者春秋之義而非禮之正也公羊穀梁其末之思矣

左氏記周景王葬穆后既葬除喪與晉荀躒宴叔向以爲王一歲有三年之喪二于是乎以喪賓宴三年之喪

雖貴遂服禮也王雖弗遂宴樂以早亦非禮也杜預謂天子絶期惟服三年后雖期通謂之三年又曰天子諸侯除喪當在卒哭今王既葬而除譏其不遂今雖不能遂服猶當靜嘿而便宴樂又失禮孔氏爲義不言天子諸侯絶期何據而謂禮葬日爲虞既虞之後乃爲卒哭之祭喪服傳稱成服之後晝夜哭無時既虞之後朝夕各一哭而已卒哭者卒此無時之哭也傳即稱既葬除喪譏王不遂其服知天子諸侯除喪當在卒哭由是言之杜氏本無見于禮惟從傳而已故引襄十六年葬晉

悼公平公即位會于溴梁與諸侯宴于温九年八月葬我小君穆姜其年十二月晉侯以公宴于河上傳皆無譏吾謂此正周之末造魯何足以爲證果爾景王葬穆后而宴亦何不可而叔向譏之乎杜氏正自不曉叔向之言孔氏又仍其失而弗悟也宰我欲爲短喪曰鑽燧改火期可已矣孔子以爲予生三年然後免于父母之懷夫三年之喪天下之通喪也予也有三年之愛于其父母乎滕定公薨孟子使世子服三年喪其父兄百官皆不欲曰吾宗國魯先君莫之行吾先君亦莫之行也

孟子以君薨聽于冢宰者言之若然豈有三年之喪而不終者乎春秋之時諸侯在喪或葬或未葬或踰年或未踰年而出從盟會征伐之事者多矣征伐以霸主命衽金革以從戎猶云可也盟會未有無宴享者而甘心從之則謂卒哭而除喪者未之前聞也天子諸侯絕期以示尊者有所厭而臣其兄弟者則廢其服宜有之矣三年之喪其誰廢之叔向以三年之喪遂服為禮此孔子孟子之言也謂景王雖不能遂猶不當從宴樂于非禮之間又失禮焉爾而杜氏遽附會左氏之言而從之

其妄可知檀弓記曾莊公之喪既葬而絰不入庫門士大夫既卒哭麻不入此葢慶父之亂閔公弱不能自立君臣相與捨喪禮而從吉服檀弓因記其非滕父兄百官所謂吾宗國魯先君亦莫之行者其在是乎然則春秋諸侯在喪而從外事或自怠而忘哀或迫于霸主之令其惡不待貶絕而見以喪禮行者則書以子以吉禮行者則書以爵春秋亦從其實而已矣吾既言景王之非攷之左氏非特此而已諸侯大夫會葬晉平公畢因欲見新君叔孫婼以爲非禮叔向果辭之曰大夫之事

畢矣而又命孤孤斬焉在衰絰之中其以嘉服見則喪禮未畢其以喪禮見是重受弔也大夫將若之何皆無辭既葬而見新君此禮之所宜然喪既未除以喪見何爲不可乎此蓋謂葬而未虞未行卒哭之際欲以喪禮見則葬矣以吉禮見則未除喪故難之杜氏謂既葬未卒哭故猶服斬衰者是也晉昭公立鄭定公朝嗣君是時鄭簡公卒猶未葬晉侯享諸侯子產相鄭伯辭于享請免喪而後聽命晉侯許之左氏以爲禮子產所謂未免喪者以簡公未葬也若簡公葬則子產從之矣非謂

終三年之喪也故杜氏亦云子産辭享明既葬則爲免喪而左氏遽以爲禮由是觀之豈非習俗所見以爲當然而弗悟其失乎故春秋諸侯在喪葬不問踰年未踰年其出而從盟會之事居而修聘問之好往往皆稱爵鄭莊公以桓十一年五月卒七月葬厲公以明年十一月出會盟書鄭伯齊僖公以桓十四年十二月卒明年四月葬襄公以五月出會艾書齊侯邾莊公以定三年二月卒秋葬隱公以公冬出盟拔書邾子鄭襄公以成四年三月卒四月葬悼公以冬伐許書鄭伯此皆其君以

爲除喪而以嘉禮行者也宣之十年四月齊惠公卒六月葬而頃公以是歲冬使國佐聘魯稱齊侯則在其國中無不稱爵也既葬而猶稱子惟洮盟衞成公一入而已左氏以爲修文公之好杜氏謂逃文公之志降君從未成君若然此時爲新立固不爲在喪也世衰道微先王之正禮不行于天下雖喪禮猶然而況其細者乎

曹公孫會自鄸出奔宋或者以爲待放故出不自曹自鄸鄸會之邑也故春秋特加自鄸焉亦非是古者刑不上大夫凡大夫有罪皆釋位而歸其邑以聽君命賜之

環則留賜之玦則去謂之待放既言出奔矣安可復爲待放乎若云不待君命而自奔則止當言奔何用更見鄭若云自鄭賜玦而出則止當言放不應卻言出奔奔與放二名不得相兼也吾是以推臧武仲據防後人意以爲必有要君而不獲者乃奔公羊穀梁皆以爲叛徵得之而不盡也

左氏謂縶狎齊豹奪之司寇與鄄豹乃與北宫喜褚師圃公子朝同作亂而殺縶而干郲黑肱來奔發例曰齊豹爲衞司寇守嗣大夫作而不義其書爲盜郲庶其莒

牟夷邾黑肱以土地出求食而已不求其名賤而必書以爲或求名而不得或欲蓋而名章曰春秋之稱微而顯婉而辨此事兩皆無據甚矣左氏之不知經而妄爲之說也且縶之禍審出于齊豹等此與鄭尉止西宮之難何異以豹爲非大夫賤而書盜可矣而豹爲衛司寇乃謂之求名而不得夫身爲正卿以私怨殺其君之兄是何足以爲名而求之乎杜預附會其言以爲豹殺衛侯兄欲求不畏強禦之名此尤可笑夫不畏強禦如孔父之于宋督可也豹挾黨專殺致其君出正使春秋不

以爲盜豹遂可爲不畏强禦者乎晉欒盈鄭良霄皆自外入爲亂親攻其君而不克者蓋有甚于豹而春秋不以爲盜但絶去不稱大夫何豹但殺其君之兄而盡春秋大夫之惡獨以此一人起例耶論邾庶其莒牟夷邾黑肱爲欲蓋而名章亦非是以地來奔法自當書若書地而不書人則來奔者誰乎必以爲竊邑叛君以微大利而著其名則邾界我邾快來奔彼不竊邑何以亦名其説自不能行蓋諸侯之大夫出奔未有不書名者所以日其人此常法也左氏但疑邾莒爲無命大夫前未

有以名見者而忽見三人以地來故鑿爲之說不復顧卑我快之自相戾不知邾莒無命大夫若以事來自當與秦術吳札同以名見但適無之而僅見于此三人爾齊豹旣以爲司寇不通尉止書盜之例故亦臆爲求名之說不知豹若未嘗爲司寇而史誤或實嘗爲司寇而縶奪之不在其位旣與北宮喜褚師圃等同作亂自當例書爲盜若以欒盈良霄例直書齊豹殺衞侯之兄縶則是兩下相殺且有北宮喜褚師圃不同豹專惡則不得不槩目之爲盜此于經旨自當然吾疑豹事終不可

據春秋兄弟爲大夫以親責之不氏公子而書兄弟蓋自常例此但正衛靈公不能保其兄而使盜得以殺之義在書兄不在書盜豹之隱顯非春秋所致意縶爲公子安能不由君命而自奪國之司寇與其邑審或有之縶之得禍正當以兩下相殺爲文未可全責靈公之不親親不應春秋反與秦鍼衛鱄同辭是亦左氏欲見縶挾君之兄其强如是而成豹敢殺之以爲名之意爾

衛縶左氏本作縶字謂之公孟古者謂嫡爲君而餘兄弟之最長者爲孟不必專論嫡庶魯慶父又氏孟孫是

也則縶當爲衛靈公之庶兄靈公以嫡立縶自不得君無害其稱兄也公羊穀梁文作輒此聲相近而誤二氏不知傳之謬但見輒稱兄而不得立遂以爲衛之俚言爲證謂輒有足疾不得入宗廟春秋固有以疾名人者乎據左氏齊豹之亂使華齊御公孟宗魯驂乘及閎中而擊之若有足疾何緣能騎是殆蔽于母兄稱兄之例求其不立意不得而妄意之且以足疾爲輒衛人之辭也衛出公亦名輒何以不謂之疾輒乃出公之伯父亦不當同名則左氏所謂縶者是矣不詳其字猶爾況不

詳其義乃知二氏不知而作敢鑿爲之說不疑有如此者不可不察也

王猛事三家言之皆不明穀梁于劉子單子以王猛居于皇則曰王猛嫌也于入王城則曰入者内弗受也于王子猛卒則曰此不卒者也其曰卒失嫌也謂之嫌而不卒是以猛爲不正而不得立者也公羊曰稱王猛何當國也其言入何篡辭也又曰此未踰年之君也其稱王子猛何不與當也不與當者不與當父死子繼兄死弟及之辭也其意大抵與穀梁同而曰未踰年之君者

謂猛爲已君也吾以左氏攷之始言王子朝賓起有寵于景王王與賓起欲立子朝劉獻公之庶子伯蚠事單穆公惡賓孟之爲人也願殺之惡王子朝之言以爲亂願去之夫謂朝爲亂則是猛之爲太子已定于景王而朝以寵欲奪猛也及景以乙丑崩言劉單以庚辰見王者王即猛也遂攻賓起殺之盟羣王子于單氏則是猛已立而見羣臣矣自乙丑至庚辰歷十六日猛之位已定而後以王見羣臣懼賓起與羣王子猶有黨朝而不從者故殺賓起而盟羣王子自是記猛事皆謂之悼王

則猛卒又已謚矣禮天子未除喪曰予小子生名之死亦名之故未踰年君死亦曰小子王雖不成其爲君而不可不以爲王此猛之所以得稱王也爲其未踰年故加之名以爲辨猶魯之子赤子野之類也其死不言崩而繫之子未成君之通例也若是則蓋猛當立而嘗君矣故杜氏釋盟辜王子云猛次正單劉欲立之言稱猛云書名未卽位言卒云未卽位故不言崩所謂未卽位者未卽明年之正位非未嘗君也而學者遂以猛爲不當立且未嘗君夫敬王猛之弟也亦立于單劉春秋稱

之爲天王則猛何爲而不當立乎公穀不見猛事之本末但見書名則謂之以當國爲嫌書入則槩以例推內弗受爲簒書子猛卒則以爲不與當是知其爲未踰年君而不知以未踰年君之禮諭之也夫敬王立不書而王子朝立書穀梁固以爲立者不宜立也是春秋正者立不書而不正者立則書矣今劉單立猛亦不書與敬王同使不當立則何爲不書劉子單子立王子猛乎凡王畿之外自天王言之皆所得居也故前乎此則襄王書出居于鄭矣後乎此則敬王書出居于狄泉矣今猛

亦書居于皇與襄王敬王同則猛豈非以其得居乎蓋王子朝之辭曰王后無嫡則擇立長又曰穆后及太子壽早夭卽世單劉贊私立少以間先王則猛者太子壽之母弟嫡而少者也朝者庶而長者也猛雖少而王后之所出是亦嫡也故景王先立之而朝亦獨以太子爲嫡而謂己爲庶長故爲無嫡立長之言此春秋所以與猛不與朝也

王猛王子朝之事左氏雖載之詳而不明言其當立公羊穀梁則疑以爲不當立左氏雖稱之曰悼王而亦不

明言其嘗爲君公羊則直謂之未踰年之君二說不定春秋之與奪無自而正吾以傳與經參之然後定猛爲當立而未成君故于經之義皆通凡春秋皆以尊者見卑者正者見不正者王子帶之亂襄王出居于鄭然春秋未嘗及子帶以襄王爲尊也舉襄王之亂自見矣今猛與朝爭皆羣王子未知孰當立則朝以羣喪職秩等作亂不書止書王室亂而猛居于皇居于王城與卒凡三見至于敬王即位尹氏立之而後始見則見猛不見朝與見襄不見子帶者同猛之當立一驗也凡經書襃

王出居于鄭敬王居于狄泉皆以王土所得居也今王在王畿乃與狄泉之例同書居是亦猛之所得居猛之當立二驗也猛與朝皆王子朝書王子朝則猛亦當書王子猛與王子突王子瑕之例均矣今猛獨變文去子稱王猛別于王子朝使不得並見其爲子猛之當立三驗也故杜預言王子猛次正而得立子朝爲王之長庶子夫謂朝爲長庶則猛宜爲太子之母弟雖幼而貴則當立矣此春秋之與猛所以見于前之三驗也

公羊立子以貴不以長之論吾既言其非矣以左氏所

春秋攷　卷十五

記王子朝及魯穆叔之辭效之尤以見先王之制而公羊不及知也王子朝曰王后無適則擇立長年鈞以德德鈞以卜王不立愛公卿無私古之制也穆叔曰太子死有母弟則立之無則立長年鈞擇賢義鈞以卜古之道也景王子太子壽卒穆后之子也而立猛則太子之母弟太子母弟是亦嫡也而朝乃以其少而欲以庶長先之是必太子而後爲嫡焉春秋所以正其名爲王而以君薨之辭繫之曰王猛者蓋欲別于王子朝也魯襄公薨無嫡立胡女敬歸之子野以毀卒季氏立敬歸之

娣齊歸之子禂是爲昭公故穆叔以野爲非嫡嗣何必娣之子由是言之太子死當立其嫡不以長其無嫡當立其長不以其貴猛之立嫡也非貴也使猛而非嫡則朝可以奪矣昭公之立貴也非長也使昭公而長則穆叔無以異矣一以爲古之制一以爲古之道是猶先王之遺法者歟楚平王卒昭王雖太子而非嫡子西庶長也故令尹子常欲立子西而曰太子弱其母非嫡也子西長而好善立長則順建善則治子西辭而止夫無嫡而非庶長雖昭王已立爲太子子常猶欲易之况未立

乎是庶長之嘗先雖楚蠻夷之國猶知之也

吳敗頓胡沈蔡陳許之師于雞父初不見戰公羊所言吾固言其非矣穀梁言中國不敗胡子髠沈子盈其滅乎亦非也邲之戰以荀林父及楚子曰晉師敗績矣自不得言楚敗晉師何云中國不敗乎左氏云不言戰楚未陳也蓋左氏以吳先以罪人犯三國故云爾此皆不通經而妄意爲之說爾凡春秋夷狄敗中國未有言戰者蓋略之也故荆敗蔡師于莘楚人敗徐于婁林於越敗吳于檇李三書皆同一辭敗中國則言師敗夷狄則

不言師雞父之役猶言荆敗蔡師于莘春秋之常法也何用别其偏戰詐戰陳未陳乎故殽之役貶晉襄公而言晉人及姜戎敗秦于殽者正以夷狄之辭貶之也若邲言戰言晉師敗績鄢陵言戰言鄭師敗績蓋荀林父晉侯主戰此自中國之辭不可以通前例也

晉侯黑臀卒于扈鄭伯髡頑卒于鄵宋公佐卒于曲棘

春秋諸侯卒而書地者惟此三見蓋卒于寢正也卒于外不正也卒者人道之終正不正不可以不謹而況于國君乎故不卒于正寢者皆地魯君雖卒于高寢小寢

楚宮臺下未嘗不志自公羊始爲諸侯卒于封內不地之說學者惑之扈與鄵與曲棘皆其封內則爲之辭曰扈卒于會以其未出境故不書會鄵爲臣弑君而隱之曲棘爲納昭公而錄之其實皆非也蓋公羊徒見陳侯鮑卒不地故鑿爲此例不知鮑自以國亂不暇以地赴春秋不得而書爾髡頑吾以辨其非弑正使眞弑諸侯弑而見書者多矣何獨于髡頑而以隱乎納昭公者爲其與我爲好也諸侯與我爲好者亦多矣何獨見于宋公而錄乎若以其在國外是在外則隱在國中則不隱

在外則錄在國中則不錄非春秋之義也二說旣不可通黑臀卒是自會散而卒不可言卒于會故以常法而地則鄭伯宋公皆自常法所應地何用別爲義也杜預知其封内之言不可從故又以扈爲從地不知其何據果卒于會不問晉地會地皆當書會何爲獨此地也且會諸公凡不卒于正寢惟隱公薨于鍾巫氏不書葢隱以其弑且内大惡旣不可言正寢又不可言别地疑于國外故皆不書春秋爲法之嚴如此苟自其異者察之無不得者寧學者未之思也

先王哀邦國之憂爲凶禮者五曰喪曰荒曰弔曰禬曰恤未聞所謂唁者蓋唁以言相弔者也諸侯之義既力足以相及則救患分災無不可爲至于侯伯之征則請之天子以討罪亦其任焉邢遷夷儀春秋書齊師宋師曹師城邢左氏謂凡侯伯救患分災討罪爲禮者是矣惟詩載衛懿公爲狄所滅許穆夫人閔宗國顛覆自傷不能救載馳之作序詩者以爲閔衛之亡傷許之小力不能救思歸唁其兄又義不得歸寧而賦是詩蓋是時懿公已亡夫人義不得歸寧則唁之爲言施之許穆夫

人可也昭公迫于季氏而出奔春秋爲內辭書曰孫公
于齊次于陽州爲齊侯者當率諸侯討季氏正出公之
罪以納公公雖暫止猶不失爲寓公而徒見于野井取
鄆以居之鄆固公之國也不能納之國中而處于封外
烏在其爲齊哉君子以爲納北燕伯于陽齊所能爲而
獨不能施之魯楚猶能納頓子于頓而齊不能會楚之
不若乎故野井之會特書曰唁及鄟陵之盟亦可以有
爲矣而反縱其臣納罪人之賂以謝公及公求于晉晉
霸主也宜有異于齊者而復辭公故齊再以高張來唁

蓋幸之也晉頃公既卒國自有喪意如得乘其間以爲適歷之會定公亦使荀躒來唁公夫豈有以臣出君君在其境不會而會其臣者乎是尤齊侯之不若也齊不若楚晉不若齊二國之罪有不可勝誅者矣狄人迫逐黎侯黎侯寓于衛黎之臣子責衛宣公不能修方伯連帥之職而賦旄丘之詩曰何其處也必有與也何其久也必有以也至其卒章曰瑣兮尾兮流離之子叔兮伯兮褎如充耳昭公徬徨于外以待兩國者五年其流離亦已甚矣而齊晉君臣方且以空言款公何但充耳而

罔聞知乎此黎之臣子猶能以爲言何況于春秋故聖人特三書唁以表之而穀梁乃謂弔失國曰唁是乃因文以爲之辭其亦未嘗有以先王之禮告之者也

昭公在鄆曰居于鄆在乾侯曰在乾侯居之與在別内外也居者據而有之之辭則在者止焉于是之辭六經之言本不相通近世學者好附會摘一字爲證此最大弊然亦有灼然不可誣者吾讀易至居上位而不驕在下位而不憂然後盡春秋別二字之義鄆雖小我猶居之則在上而尊矣乾侯寓于他人之境國君而至此亦

不足以敵矣宜有屈爲下者其書公在楚亦若是不然易豈徒言之乎

昭公取闞左氏穀梁皆無文獨公羊以爲邾邑曰不繫乎邾諱亟也非也蓋自取根牟取鄟取郜公羊皆以爲邾邑諱亟不繫國故此亦以其辭同而槩言之爾按桓十一年公會宋公于闞闞魯邑也左氏記公欲伐季氏叔孫婼如闞及公在陽州婼自闞歸見季孫意如謀還公則闞爲叔孫氏之别邑也此文繼于公在乾侯之下蓋自公孫于陽州凡魯境皆迫于季氏而叛公故鄆待

齊取而後得居圍成而弗能克未幾鄆復潰而無所歸久留于乾侯至是叔孫婼死矣僅能得闞未及反而薨故內邑與外辭同言取所以甚公之失國闞一邑猶若他國而取之則其餘皆非公之所得有故侯齊侯取鄆鄆潰圍成取闞非特見季氏之逐公而已亦以著公有民而不能服有地而不能守圍成猶見公取闞不復見公所以著公之深恥而三家皆莫能知也杜預曰公在乾侯使人誘闞而取之不用師徒夫既我邑也安用誘乎是徒區區泥取之一字陋矣

春秋攷卷十五

春秋攷卷十六

宋 葉 夢 得 撰

定公

嗣君繼立不論正與不正皆無不即位之禮吾固言之矣惟定公有元年而無即位蓋實惟即位不可以追書古者天子七日而殯諸侯五日而殯殯而後即位此喪次之位也明年改元然後正即南面之位故書即位昭公既薨于外而未有君至六月逆公之喪至壞隤而後立定公則正月至于五月昭公猶未殯國猶昭公之國

及公之喪至自乾侯而立定公以癸亥至戊辰卽位蓋歷五日而殯殯而後卽位此卽南面之位也曠年不可以無君不可待明年而後改元卽位此亡乎禮之禮君子許焉故書曰六月癸亥公之喪至自乾侯戊辰公卽位年可追書位不可追書故正月可稱元年而卽位必以六月然國而有君孰使非其節而不得行其正禮必有受其責者矣則魯之羣臣自亦不能逃其罪也

魯昭公之子公衍公爲公果公賁公衍公爲之生其母偕出于產舍公衍先生公爲之母曰相與偕出請相與

偕告三日公爲生其母先以告故公爲爲兄及昭公之出始季公若怨季平子獻弓于公爲與之出射于外而謀去季氏公爲以告公果公賁因以告公遂至于出公居鄆公衍入羔裘于齊侯而喜與之陽穀公私喜于陽穀而思于魯曰公爲爲此禍也且後生而爲兄其誣也久矣乃黜之以公衍爲太子公薨叔孫成子逆公喪于乾侯使告子家羈曰公衍公爲實使羣臣不得事君若公子宋主社稷則羣臣之願也子家羈對曰立君有卿士大夫與守龜在羈弗敢知喪至壞隤公子宋先入從

公者皆自壞隤反而奔宋卽位是爲定公昭公之弟也昭公既命公衍爲太子矣公衍公爲公果公賁皆庶子而公衍長則宜立者也季氏奪公衍而立定公則定公蓋授于季氏而不授之昭公以不當立奪所當立于非所授奪所應授則定公之立非正矣此所以不書正月也

凡諸侯卒五日而殯既殯而後嗣子卽喪次之位始君之也明年朝于廟以見先君然後卽南面之位改元以臨其國人此有國之常禮不幸有不得行與不及行則

以義而起之有不失其宜亦君子之所與也晉厲公死悼公以諸弟周入立以即喪次之位則過矣以待明年則國無君故以辛巳朝于武宮乙酉即位于朝歷五日而後見即位蓋以旣殯之節爲改元之節也定公之繼昭公猶悼公之爲也然見即位而不見朝廟則異乎悼公之爲禮非世子而嗣位者尊之非君也親之非父也其辭與君父一施之者受國焉也悼非受國于厲定非受國于昭雖欲爲君父之辭而不可得朝廟而後即位猶有受之先祖焉未失爲亡乎禮之禮也定即不知出

此會謂魯之諸臣不如晉之諸臣乎春秋顯書其日雖以既殯之節許之乃其無所受命焉而爲君者亦不能逃其責也

鄭游吉曰先王之制諸侯喪士弔大夫送葬惟嘉好聘享之事于是乎使卿推是等而上之則天子之喪諸侯以大夫弔卿會葬乃其節歟諸侯葬天子于禮無正文攷之以禮諸侯之事上莫大于朝然先王分五服各以歲一見五年而一周是一歲之間朝者惟一服而四服常居其國故曰六年五服一朝又六年王乃時巡禮所

以爲是別者天下之大以王國言之諸侯之衆一歲盡至則禮爲煩以諸侯言之列國之士一歲盡至則失所守此先王所以權輕重而制疏數之節也然則王喪天下其可皆至歟周官國有大故大司徒致萬民于王門令無節者不行于天下小司寇帥其屬而蹕于王宫凡所以謹非常嚴事守也而況五服之廣襄王之喪曾使公孫敖弔不至而奔于是叔孫得臣往會葬其弔葬皆以卿春秋無譏焉靈王之喪鄭上卿有事子展使印段往伯有曰弱不可謂其非卿也子展曰與其莫往弱不

猶愈乎遂使段如周則子展固以上卿爲當矣此周之遺禮猶有存者晉文襄之霸令君薨大夫弔卿供葬事蓋僭王禮則周之末造也而魯諸公復有會齊晉楚三國之葬邾子滕子有來會魯之葬惟强弱之所爲則禮于是盡亡矣穀梁曰周人有喪魯人有喪周人弔魯人不弔周人曰固吾臣也使人可也魯人曰吾君也親之者也使大夫不可也故周人弔魯人不弔以其下成康爲未久也是說也穀梁蓋以爲君親之不知其何據吾未敢以爲信焉

吳入郢公羊穀梁作入楚左氏作入郢或曰左氏誤非也此春秋之新意正當作郢春秋外非國未有書入者入國亦未有書地者固宜爲楚也入之爲言得而非居也雖槪以爲貶然未有以見惡數俘而出祝祓社司徒致民司馬致節司空致地而還其入而不失禮有如鄭之入陳者焉使吳槪得書入楚則與陳何辨故君子變文以異之言郢而不言楚不與其得入楚也於越入吳無大過亦得與中國同例郢不得爲楚非惡楚謂吳罪尤甚也大凡經字三家不同者左氏近實爲多此前柏

　五

舉之戰公羊傳作伯莒穀梁作伯舉亦當以柏舉爲正則以郢爲楚無足怪疑二氏皆口傳而左氏見策書是以音同而字異也

外傳記晉文公請隧襄王弗許曰先民有言改玉改行叔父若能光裕大德更姓改物以創制天下自顯庸也而縮取備物以鎮撫百姓改玉之爲言君臣之禮不同其玉有別則行亦異左氏載季孫意如卒陽虎將以璠璵斂仲梁懷弗與曰改步改玉若然則昭公之出意如蓋嘗以君之服而見宗廟矣璠璵是也陽虎仲梁懷皆

季氏之家臣陽虎不與季氏故欲暴其惡于既死之後仲梁懷欲掩之故言既復從臣位爲改步則璠璵亦不當斂也此事他書皆不載惟略見于陽虎之言意如既逐昭公而内無君宗廟之祭諸侯之事其誰主乎昭公在外七年魯固未有歷年虛其宗廟而不祭者也季孫意如之會適歷仲孫何忌之會成周諸侯赴卒則葬之大夫來奔則納之是將何所受命而春秋于祭祀則無別見于會葬與奔則無異文與有君者同書焉蓋諸侯朝天子其國中之事必以卿攝之故與其君同意如不

受命于君則自攝之矣自攝與簒何異春秋不變其辭而一施之蓋知宗國之事君子所難言後世必有觀其時而察其事者陽虎爲有證也適歷之役晉侯將以師納公范獻子爲之辭曰若召季孫而不來則信不臣矣晉人召季孫獻子使私焉曰子必來我受其無咎意如于是始練冠麻衣跣足而聽命則獻子之爲也及昭公不聽荀躒告之曰子姑歸祭則意如之主魯祭久矣不然使意如事君之恭誠若是昭公有晉之援而卒謝之豈知終不可使北面而事之者乎

定六年仲孫何忌帥師圍鄆左氏公羊文無何字哀十三年魏曼多帥師侵衛公羊文無曼字此經之闕文爾徵三傳參校無以知也而公羊遂皆以爲譏二名非禮蓋未嘗見二傳而妄意之也且禮二名不偏諱孔子之母名徵在諱徵不諱在諱在不諱徵其傳之久矣未有以二名爲非禮者寧公羊未之聞乎諸侯之臣前此以二名書者甚多叔孫僑如季孫意如之類皆著于經而曼多何忌亦自先見正使非禮何以獨譏二名又至是而後始發也公羊雖不盡其說而何休以爲定哀之間

文致太平欲見王者治定無所復爲譏惟有二名其妖妄至于此極然推公羊之意無自而然必有以啓之者新周之謂信有證也是眞無所容于孔氏之門矣左氏穀梁闕文傳皆不爲義獨杜預范甯爲之辭意二傳闕皆在傳成之後獨公羊傳經遺脫是以得肆其誕而不疑也

左氏載子路爲季氏宰將墮三都于是叔孫氏墮郈季氏墮費公山不狃帥費人襲魯孔子以申句須樂頎下伐之而服至墮成公斂處父爲仲孫氏謀不從公遂圍

成按子路季氏之家臣爾非魯用之而授以兵固未必能隳費何緣併三都而得墮之耶公羊云孔子行乎季孫三月不違曰家不藏甲邑無百雉之城于是叔孫州仇帥師墮郈季孫斯仲孫何忌帥師墮費若然是二臣感孔子之化而自墮非子路能墮之也故家語亦言孔子言于定公以三家過制請皆損之乃使仲由爲季氏宰墮三都叔孫氏不得意于季氏因公山弗擾襲魯如左氏所云以吾攷之此皆欲尊孔子而妄爲之說也論語記公山弗擾以費畔召子欲往子路不說若孔子使

子路墮安有召而反欲往者此蓋弗擾自畔季氏非畔魯者孔子欲從之必有説矣既召孔子又安得反有襲魯之事按經定公十年孔子爲司寇相公會齊侯于夾谷之後連見叔孫州仇仲孫何忌再以兩師圍郈郈叔孫氏之邑也左氏謂叔孫氏之臣公南欲殺州仇不克以其黨公若爲郈宰州仇復以侯犯殺公若而侯犯叛州仇遂與何忌圍郈後二年而經書叔孫州仇墮郈則州仇自以侯犯叛而壞其邑之險何預于子路既而復書季孫斯仲孫何忌帥師墮費以論語爲正則季氏亦

以公山弗擾之故也末書公圍成成孟氏之邑正如公斂處父之言謂成爲孟氏之保障無成則無孟氏使孟氏僞不知而我不覽則成之圍亦何忌陰與其臣同謀以拒魯三者與孔子略不相及其言自相異則何足據孔子曰如有用我者朞月而已可也三年有成使孔子爲政于魯得行其志其于三家處之宜有道矣必不至輕用一門人以抗必不可遽去之三家而反貽患于宗國是何足爲孔子蓋孔子嘗謂祿之去公室五世矣政逮于大夫四世矣故夫三桓之子孫微矣豈以天子弱

諸侯僭大夫強諸侯脅至于陪臣執國命雖大夫亦不能自立故郈有公若公南之亂而費有公山弗擾之變至成而公自爲之行焉故前見大夫而自圍其邑後見大夫而自墮其城且皆帥師如外伐然所以示公室之至衰微論語其謬悠之傳參見于左氏公羊與家語以亂經者殆未可察也

滅國而後復見者經皆不載其所以復蓋以告不告也蕭本宋邑蕭叔大心以平宋亂之功得封爲附庸事在莊十二年至宣之十二年書楚子滅蕭附庸不言滅蓋

蕭後進爲國矣然定之十一年復書宋公之弟辰入于蕭以叛則蕭仍爲宋邑蓋楚去蕭遠不能有其地故雖滅之復以其地歸宋而宋以爲邑也襄六年書莒人滅鄫而昭四年書九月取鄫鄫已滅于莒則魯得復取之蓋莒屬鄫以爲附庸爲魯所取爾凡取邑必繫國取而不繫國者皆附庸也定六年鄭游速滅許以許男斯歸哀十三年許男成復見卒蓋後亦再封之或以不告或史失書也

成邑也邑不言圍此何以言圍內邑也內邑初未有言

圍者自成之三年始見叔孫僑如圍棘取汶陽之田不服猶之可也至昭之十三年叔弓帥師圍費吾大夫之邑也而不能服則醜矣吾大夫之邑以一軍圍之猶之可也至定之十年叔孫州仇仲孫何忌圍郈以二軍圍之則醜矣然猶曰吾大夫自圍其邑也至昭之二十六年定之十二年公至自圍成則國之爲國者無幾醜不足言也故定公之圍特書至焉凡公之出未有不告于廟歸而必書至此禮之常也然在其國中者春秋皆略而不書以爲此在吾境內無嫌于公之不返也昭之在

鄆固欲書而不得于是以定見焉則三家之惡有不可容于天下矣

石尚歸脤先儒多以禮有受脤無歸脤爲譏非也歸脤以交諸侯之福此禮之明文安得爲無乎夫脤膰之禮親兄弟之國慶賀之禮親異姓之國必言國者知其非在京師也歸脤在聘覲問慶賀致禬之閒合而爲六此正謂諸侯以故不能來祭者王歸之以致其恩爾周惠王使宰孔賜齊桓公胙曰天子有事于文武使孔賜伯舅胙此蓋其事據穀梁生曰脤熟曰膰禮以血祭祭社

稷五祀則生也以饋食享先王則熟也脤當爲血祭之肉膰當爲饋食之肉齊胙以有事文武而賜乃饋食之肉則非特歸脤亦見歸膰矣宋皇武子曰宋先代之後于周爲客天子有事膰焉蓋膰惟及兄弟之國而齊以其功宋以其客天子之特賜也行人之六禮言脤而不及膰通異姓之國爾周之盛時諸侯以職來祭共其祀貢駿奔走以執籩豆未有敢後其祭于國又有以胙致福于天子之禮天子受而膳之旣不失其職又能致福有故而不能來然後以胙歸之彼有致福則此有交福

報施之道上下之爲稱今魯之來祭與致福求必皆盡而王反歸脤所以見譏非謂天子而不可歸脤也

郲子來會公三家皆不爲義杜氏以爲不用朝禮故曰會何休以爲非會于都則二氏以爲會公于國中也惟范甯言會公于比蒲學者多從二氏蓋以會不言來朝來聘來盟例推之在國中言來國外不言來故疑其爲入國中之辭也吾以爲不然會不言來者蓋會者諸侯相與命事不主于公與朝聘盟者異不可以言來故在他國合爲一辭不必以來爲辨乃公在比蒲而郲來會

非以命事爲公而會爾此與晉侯會公于沓鄭伯會公于棐者同故惟此三書皆特言公比蒲蒙上文則不再自地其言來者沓與棐皆境外而比蒲則境內之地也且來戰于郎亦言來何必入其國中而後言來乎蕭叔朝公不言來正謂朝公于穀穀齊地自不應言來以文攷之其理甚明不必范氏而後知也

姒氏卒左氏曰不稱夫人不赴且不祔也葬定姒不稱小君不成喪也不赴于諸侯不反哭于寢不祔于姑故不曰薨不稱夫人故不言葬此爲聲子發也聲子者隱

公之妾母也方春秋初諸侯尚諱妾母之禮而隱公又有致國于桓之志故不敢致其爲夫人則三禮之不備無足怪者若姒氏審爲定公妻始逆而至固已稱夫人矣何必待此三禮備而後得稱耶且前言不稱夫人本不爲三禮不備以其妾母非夫人故不備三禮不得言薨與葬也今乃爲不赴不祔而不稱夫人則是嘗爲夫人以其不備禮而貶之其說自不可通杜預言公未葬而夫人薨煩于喪禮不赴不祔故不稱小君臣子怠慢也此尤非是定公雖薨相距不遠然臣子旣能葬姒氏

何難于赴與祔而不爲審果不祔則哀公終身遂不祭其母耶杜氏又謂反哭故書葬且前例言不稱夫人故不言葬非謂不反哭杜氏見三禮所闕者二而此書葬故取此一語附會成就之爾穀梁以爲妾母是也凡諸公自成風以後妾母皆致其爲夫人故敬嬴書卒葬皆同正夫人春秋以成風見之故不盡譏姒氏蓋定公始薨哀公未踰年未暇致其爲夫人故不得與敬嬴等並見此其實也度左氏意亦若以爲妾者特以其書葬與前例不同故疑之不敢顯言杜氏遽以煩于喪禮爲言

此不特不知經亦不知禮不知傳矣
衛莊公娶于齊詩謂之莊姜晉懷公娶于秦左氏謂之
懷嬴古者婦人蓋有姓繫其夫者矣姒氏定公之妾哀
公之母也仲子成風見于經皆在惠公僖公之後妾不
得配其主故可繫之于其子敬嬴與襄公之定姒已致
其爲夫人則非妾也故可同夫人舉氏哀公之定姒方
嘗喪未君旣未可致之爲夫人又未可繫之于哀公魯
人尊之以配定公謂之定姒蓋猶姜氏之配莊公嬴氏
之配懷公其傳之有自矣春秋從而不易也

哀公
盜賤者也古者庶人不傳質爲臣不敢見于諸侯傳質
而後爲之臣賤者民也無傳質之道則不爲臣故民爲
其君服皆齊衰三月以其不爲臣故不言弑其君而言
殺蔡侯申然則閽弑吳子餘祭不見名不曰其君則何
以謂之弑乎周官掌戮墨者使守門劓者使守關宮者
使守內刖者使守囿髡者使守積此皆刑人先王不以
有罪而終廢人者也然而太宰閽人言王宮每門四人
而無其官蓋所謂刑人者皆王宮而被刑者也大夫士

不同各隨其官而任之耆何以知其然楚鬻拳以兵諫楚子而自刖楚人以爲大閽猶有先王之舊典也謂之大夫士則已刑而去其位不可見名于其君謂之賤者則有職守于王之宮門不可言殺故雖不以君臣道而别乎賤者猶曰弑焉所以正人君之不能治其官也閽人之職潛服賊器不入宮賊器者任器之可以害人與兵同者也使吳子而能謹此雖刑人其何得肆乎而禮刑人不在君側夫不在側可也固不害其爲門關内圄古之因材以用人雖籧篨戚施且不廢況不幸而被刑

者而公羊穀梁皆爲君子不近刑人之說蓋誤矣左氏謂吳伐越獲俘以爲閽使守舟吳子觀舟以刀弑之旣言閽則不得使之守舟其事則是其言則非也穀梁謂寺人亦非是寺人奄也寺人掌王之內人及相道女宮出入之事何言不得近記禮者遂謂閽爲門吏之賤古者不使刑人守門蓋又公羊穀梁誤之也

左氏言蔡申事以爲蔡昭侯將如吳諸大夫恐其又遷公孫翩逐而射之入于家人而卒則弑昭侯者翩也故杜預以翩爲大夫據左氏記盜殺鄭公子騑公子發公

孫輒事以爲尉止司臣侯晉堵女父子師僕五族之喪田者師賊以殺三人書曰盜言無大夫焉今翩則蔡大夫何爲不以名氏見而謂之盜耶蓋左氏不了書盜之義或謂之非大夫或謂之貶辭故于盜殺衛侯之兄縶言琴張弔宗魯仲尼曰齊豹之盜而孟縶之賊以齊豹爲衛司寇守嗣大夫作而不義其書曰盜則意以翩爲不義與盜同書而不得以名見也蓋亦妄矣天下之惡孰大于弑君春秋未嘗加之辭以爲極天下之辭不足以爲貶姑著其實賤者弑書盜公羊所謂賤者窮諸盜

者也齊豹之事固已不足信況此又施之翩乎是始以文之錯射殺翩逐公孫辰殺公孫姓公孫肝而春秋見書公孫辰出奔吳因信其傳而妄意之此事蓋全無有公孫辰之奔累于申或別以他罪不可知要弑申者非翩盜非大夫既不得君蔡侯所以不言弑其君而謂之殺蔡侯申其不以君臣道者春秋之法也何大夫之云耶

或曰未踰年之君無子則不討世不立廟踰年則討世立廟乎曰然齊荼是也齊荼未踰年之君也陳乞弑之

而立陽生矣齊人不以討世立謚而曰安孺子然而春秋書曰陳乞弑其君荼是成其爲君也安有君而不討世乎不謚不廟齊人之失也然而陽生當立者也而未君齊荼不當立者也而已君當立不當立者其人也成君不成君者其義也春秋不以人廢義不以義廢人各以道權之而已故晉奚齊齊荼皆不當立也奚齊未踰年不成其爲君荼既踰年不奪其爲未成君而弑必有如商人者焉然後以義斷之故以商人君舍當立必有如陽生者焉然後以人正之故不以荼君陽生春秋之

義深矣陽生之事公羊載景公初欲立舍而乞從之陽生以問乞乞曰千乘之主將廢正而立不正必殺正者則陽生固正矣左氏言齊燕姬生子不成而死諸子鬻姒之子荼嬖諸大夫恐其爲太子而請之景公不從公疾高國立荼寘羣公子于萊公卒公子嘉公子駒公子黔奔衛公子鉏公子陽生奔魯吾以兩傳參之燕姬者嫡夫人也既生子不成而死則景公無嫡子矣所謂羣公子者皆庶子也陽生長而荼幼此諸大夫所以不欲立荼而陳乞以陽生爲正蓋無嫡則立長者正也荼死

雖陽生爲之而以陳乞主弑者陽生君而荼廢矣陽生既當立則義不可以君荼又不可以陽生而沒荼之弑故推其本而加之乞則春秋蓋正陽生也穀梁曰陽生入而弑其主以陳乞主之何也不以陽生君荼何也陽生正荼不正不正則其曰君何也荼雖不正已受命矣此其說是也公羊謂以當國之辭爲諼也失之矣蓋公羊不知立子以長之義也

楚靈王之死觀從矯蔡朝吳之命而召公子比于晉與之盟因四族之徒以入楚殺太子祿而以公子比爲王

靈王聞之而縊春秋不坐觀從書楚公子比自晉歸于楚弑其君于乾谿陳乞召公子陽生于魯誣鮑牧而強與之盟以立陽生陽生立而殺孺子荼春秋不以陽生當弑而書陳乞弑其君荼者觀從陪臣也不得君其君能爲亂而已矣雖矯朝吳之命而召比使比而不從觀從能自爲亂乎觀從不能殺太子祿而立公子比則靈王遷延于外猶未至于死則弑靈王者非觀從所能爲比爲之也陳乞齊之執政也使荼不當立而陽生當立則其初以死爭之可也旣不能正而與高國共立荼矣

則荼乞之君也乃僞事高國而去之卒逐二人而召陽生此豈陽生所能自爲者乎陽生與荼不能兩立塗之人所知也未有陽生立而荼可全者則弑荼者非陽生所能爲陳乞爲之也君子之斷獄如是其微雖有大姦大惡無所遁其情不知者以比初不聞其謀與乞泣而對朱毛以爲可免也故曰孔子作春秋而亂臣賊子懼其是之謂乎

宋公滅曹書入而不書滅此學者之所甚疑蓋因伐曹將還曹人詬之公聞之怒命反之遂滅曹其事本左氏

以爲未足信然曹之滅見于公羊及史記皆同非特左氏一人之言也或者以荆敗蔡師于莘以蔡侯獻舞歸例推之以爲此但擄其君爾曹實未嘗滅則于他書無據未可以臆斷故吾以爲此春秋之義蓋經之筆削有因事而著法者雖不盡以實見而其爲法者大亦終不沒其實以其爲目者自後可以攷也故晉未滅虢而前言滅下陽不嫌于速楚巳入陳而後書入陳不嫌于緩滅與入之實固在但抑揚之不同爾然則曹巳滅而不言滅猶之盂之會執宋公者實楚子也不與楚子得執

宋公故分之在會之諸侯概言執宋公則此不與宋之得曹故不言滅但記其入曹而執曹伯亦其義也入與滅本一事以重書則記滅不記入以輕書則記入不記滅但繼此春秋遂終不然其滅亦必有以見之也

左氏記弑君而以疾赴春秋從而書卒者三吾信其一而不信其二信者楚麇也不信者鄭髡頑齊陽生也或曰事皆出于左氏何可以決擇爲異乎曰吾于左氏駁而不信者不獨陽生也凡左氏所載事後世所宜據也然必覈其本末而有驗參于經而合然後其義之有所

在左氏所不及者可以經求之不害其與經異若覈之于本末而無驗參之于經而不合攷之于義無所在徒曰以赴告爲辭則復何取于經乎麇之事吾以圖之前見者知之而亦參見于慶封之辭非吾敢臆決而髡頑與陽生皆無他見獨左氏云爾經既無異辭事又無自來從之爲告則不可强之爲義則無說則吾何信乎或曰髡頑則然陽生先以季姬之故請師于吳欲以伐我及季姬嬖而辭師吳子怒故復與我伐之齊人用是弑陽生赴于其師如崔杼之弑莊公以說晉也此亦不然

齊以陽生赴吳吳師不退將自海入齊齊人敗之而還則齊固不畏吳也崔杼之弒莊公蓋以說晉爲辭爾非實爲晉也陽生未見齊人有欲弒之者而吾自能敗吳齊何懼而遽弒其君乎

哀公用田賦季康子之爲也左氏記季康子初使冉有問于孔子之言與春秋外傳所載雖異而實同哀公之賦不用此乃推丘以上之賦而均之夫屋井邑之民經固書用田賦矣蓋是時自季氏作三軍之後凡國中之賦皆入于私室其存于公家者無幾而季康子又率其

意而妄行之故夫子以爲若子季孫欲行而法也則有周公之典在若欲苟而行又何訪焉左氏外傳所記略同則論語所謂季氏富于周公者謂其所取多于周公之舊典而學者乃以貧富論周公周公豈以富稱者哉冉求不能救故哀公遂行書于春秋欲吾徒共暴冉求之罪則言小子鳴鼓而攻之可也

地貢之外又計口出泉鄭氏以漢法準之言漢算民泉謂之賦以爲固古之舊名則太宰之九賦也諸侯與三等采地亦各有賦皆斂之于其君而貢于王然九賦言

財賄則非特泉而已鄭氏謂各入其所有穀物以當賦泉之數其理宜然矣以其爲常賦故立之爲定名軍賦非常賦也有軍旅之事乃征之則縣師稍人所言者是已鄭氏注小司徒以司馬法推畿內采地自畝百爲夫夫三爲屋屋三爲井積十井爲通通合三十家出馬一匹士一人徒二人十通爲成合三百家出革車一乘士十人徒二十人杜氏注作丘甲以邦國井田自四井爲邑四邑爲丘合十六井出戎馬一匹牛三頭四丘爲甸合六十四井出長轂一乘馬四匹牛十二頭甲士三人步

卒七十二人其法雖未必盡然大體或不過是以其非常賦故不立爲定名時賦取之而已要之先王軍賦皆成于乘乘者甸之所出也甸方八里司馬法積十井爲通積十通爲成成方十里則井田之甸而多于甸二里者包溝洫在其間也采地之成邦國之甸均于出革車一乘則其數同矣故稍人言丘乘之政令禮言惟社丘乘供粢盛或謂甸爲乘者以賦所出名也軍賦皆成于乘則凡師旅之事當自甸爲之而成公作丘甲子產作丘賦皆不本于甸而本于丘此其所以爲厲民也

賦有口賦有軍賦口賦常賦也鄉大夫國中自六尺以
及六十野自六尺以及六十有五皆征之者是也公言
二吾猶不足者是已成公作丘甲則軍賦也甲者甲士
也古者謂甲士皆爲甲如鄭子孔言以子革子良氏之
甲守臧孫紇言甲從己郰叔紇言帥甲犯齊師楚商臣
言以宮甲圍成王趙鞅言晉陽之甲王子朝言郊要餞
三邑之甲者是已軍賦成于乘而後始出甲士三人今
以丘爲之舉甸之法而加之丘也作者猶縣師言作其
衆庶稍人言作其同徒輂輦者也左氏以爲有齊難蓋

因難作而起之用已則止非若稅畝遂常行而不廢故不言初而穀梁以爲甲胄之甲謂使丘民爲農而爲工之事誤矣夫苟以農爲工之事則井邑與甸之民皆可爲何獨施于丘乎哀公用田賦亦軍賦也軍賦自丘而上方出馬一匹牛三頭則自丘而下爲邑爲井爲屋爲夫者皆未有賦今推丘以上之賦而均之夫屋井邑之民此所謂田賦也蓋畝百爲夫一夫受田百畝至于邑皆井田之民以其通夫屋井邑皆賦不可爲一名故總謂之田左氏與國語載孔子告冉有之言雖不同而其

詳皆可攷左氏曰君子之行也度于禮施取其厚事舉其中斂從其薄如是則以丘亦足矣若不度于禮而貪冒無厭則雖以田賦將又不足所謂丘亦足矣者自丘而上牛馬之正賦也國語曰先王之制土藉田以力而眂其遠邇賦里以入而量其有無任力以夫而議其老幼于是乎有鰥寡孤疾有軍旅之出則徵之無則已其歲收田一井出稯禾秉芻缶米不過也是所謂任力以夫而議其老幼者自丘而上以夫家之衆寡而爲賦者也所謂田一井出稯禾秉芻缶米者自丘而下量出其

地之所有而不爲賦者也今所出不過前三物而使之出同徒輦輂牛馬之賦則非古矣故皆言非周公之法葢作丘甲者猶止徵其人而用田賦者又徵其物自百畝之田無有免者則尤有甚于丘甲者也

昭公夫人稱孟子吳姬姓宋子姓婦人以字繫姓則夫人不當繫宋姓三家皆不爲說惟杜預以爲諱之孟子若宋女吾初不敢以爲然既而求子之義而不得至論語陳司敗之言曰君娶于吳謂之吳孟子而禮坊記云魯春秋去夫人之姓曰吳其死曰孟子卒而後翻然知

諱不言姬氏而曰吳孟子者昭公也夫吳號而存其爲孟子者春秋也蓋昭公之諱娶同姓不敢正其名曰夫人姬氏故冒宋姓以子稱而又畏吳不敢廢其國號故復繫之吳夫不去國號而冒之宋是自暴也則存宋子之稱以著其失而去吳號以全其諱者孔子爲之義也鄭氏謂孟子爲且字其于哀公誄孔子曰尼父亦謂之且字猶云姑以是爲言爾非正字也或曰人姓可以攺乎曰是史之文也買妾不知其姓則卜之以厚别也以春秋攺之則不可昭公攺而春秋因之則可春秋因哀

以爲義者也或曰昭公娶同姓可謂大惡矣春秋何以不諱而不書曰是安得不書夫人之惡孰有大于文姜之孫哀姜之喪還春秋且據其實而不敢沒況孟子乎然君不君臣不可不臣父不父子不可不子春秋之教也娶于同姓昭公之罪吾國人安得弗夫人乎記曰夫人之不命于天子自昭公始也春秋書孟子卒而不書夫人孔子去之也昭公不敢請于天子自不稱夫人不稱夫人自不得言小君則雖欲書夫人可乎孟子卒孔子與弔適季氏季氏不綅放絰而拜蓋魯人亦不以夫

人喪之則季氏之爲也孔子則不然吾君旣已妻之矣諱而不夫人之可也吾國人不夫人之不可也故孔子雖老而弔季氏季氏不絻絰而拜以從主人之制乃孔子則以爲當絻者春秋書孟子卒之義也吾故言春秋諱國大惡未有全沒而不書者必婉其辭而微見之此之謂也

左氏載吳以子服景伯之言不以哀公見晉侯旣而悔之囚景伯景伯謂太宰曰會將以十月上辛有事于上帝先王季辛而畢何世有職焉若不會祝宗將曰吳實

然杜預謂吳人信鬼故以誑之趙氏非之以爲事同兒戲此與左氏載狄人敗懿衛公因史華龍滑與禮孔以逐衛人三人曰我太史也實掌其祭不先國不可得也乃先之其事適同杜預亦謂蠻夷畏鬼故恐之以當禮神且趙氏疑吳方與晉爭長必不肯率魯以見晉此既不然則景伯之事亦誣矣豈當時有因緣衛事而爲之說者乎然此哀公時事也若左氏親見之必能辨其妄今既書之則左氏非哀公時人亦可見矣

西狩獲麟更東漢讖緯之後妖誕之說固不勝闢亦不

必關特三家各爲異論實有以啓後世說者之妄則不得不辯蓋是哀公從禽西郊而獲麟爾其義則孔子爲之也周之春夏之冬也春自狩之時先王以仲冬教大閱遂狩田以享烝哀公非志于武事不得與桓公教大閱同辭故與春狩于郎一施之乃不目地而曰西不使麟得爲地有不言公狩不使麟得爲公獲而後因麟以起法者春秋所致意也而左氏謂叔孫氏之車子鉏商獲麟以爲不祥以賜虞人仲尼觀之曰麟也而後取之若然是叔孫氏之獵而其事子得麟也何以名狩乎穀

梁謂引取之其不地非狩也非狩而曰狩以大獲麟也此蓋拘狩于郞于禚之例不知狩實非一地也此爲春秋之變文若非狩而言狩是虛加之也公羊謂孰狩之薪采者也薪采則微者曷爲以狩言之爲獲麟大之也麟者仁獸有王者則至無王者則不至有以告者曰有麕而角者孔子曰孰爲來哉反袂拭面涕沾袍公羊言薪采未必有意而爲讖緯者遂附成其說以麟爲木精薪采者庶人燃火之意爲漢興之象其言經遂至此乎此皆三家畧知經絕于此爲孔子所深致意而不知其

說故各以其意妄言其事也詳公羊言麟有王者則至無王者則不至孔子聞其獲而曰孰爲來哉是微得其旨而不終其說古者聖人欲顯其道而不能以迹示人者未嘗不取類于物其在周易則謂之象乾以龍象聖人而潛見飛躍之節可求矣漸以鴻象賢者而進退邪正之義可明矣孔子非有意于麟而麟適獲因之以傷其道有不得而言者也明矣姑著其實而絕筆于是而已矣顔淵死子哭之慟曰天喪予拭面沾袍之事又安可謂之無歟

春秋攷卷十六

春秋攷

春秋攷原跋

右春秋讞攷傳三書石林先生葉公之所作也自熙寧用事之臣倡爲新經之説禍天下學士大夫以談春秋爲諱有年矣是書作于絕學之餘所以闢邪説黜異端章明天理遏止人欲其有補于世教爲不淺也公之胄孫來守延平出是書鋟木而傳之蓋有意于淑斯人如此學者其勉旃開禧乙丑九月一日秘閣校勘文林郎南劒州軍事判官眞德秀備書　**案**此乃讞攷傳三書總跋當在石林春秋傳後今傳之刻本不載是跋仍依永樂大典本附編于此

春秋[illegible]　原跋　一　朱攸校

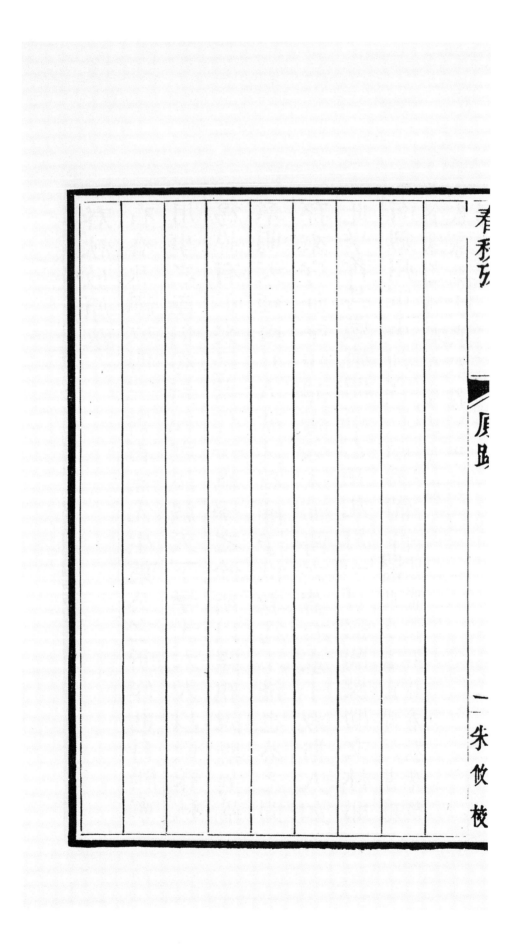

石林先生春秋傳

〔宋〕葉夢得 撰

據上海圖書館藏《通志堂經解》本影印。

提要

《石林先生春秋傳》二十卷，宋葉夢得撰。

葉夢得生平及《石林先生春秋傳》成書背景，見《春秋三傳讞》提要。《石林先生春秋傳》凡二十卷，爲葉夢得傳世《春秋》三書中唯一足本。卷首録有納蘭成德《葉石林春秋傳序》及葉氏自序，正文依《春秋》十二公之序逐年注解經文。其注經不僅反省前代三傳之説，於中唐至北宋諸家《春秋》學之説亦加商榷，多有匡正。如評論孫復《春秋尊王發微》，謂其不深於禮學，故其言多自抵牾，有甚害於經者，雖概以禮論當時之過，而不能盡禮之制，尤爲膚淺；而論劉敞《春秋權衡》及《春秋意林》諸書，則褒多於貶，推其淵源之正。

歷代學者對《石林先生春秋傳》評價頗高，清初納蘭成德言其『辯定考究，最稱精詳』。《四庫全書總目》亦評云：『夢得以孫復《春秋尊王發微》主於廢傳以從經，蘇轍《春秋集解》主於從《左氏》而廢《公羊》《穀梁》，皆不免有弊，故其書參考三傳以求經，不得於事則考於義，不得於義則考於事，更相發明，頗爲精核。』

《石林先生春秋傳》最早於宋開禧中由葉氏之孫葉筠與《春秋三傳讞》《春秋攷》同刻於南劍州郡齋，其後版本不詳。至清，有《通志堂經解》本、《摛藻堂四庫全書薈要》本、《四庫全書》本等。本次影印以上海圖書館藏《通志堂經解》本爲底本，原書框高二十厘米，廣十四・五厘米，卷末有宋開禧乙丑（一二〇五）葉筠及真德秀二跋。

葉石林春秋傳序

宋吴郡葉少藴當紹興中著春秋傳考讞三書凡七十卷又爲指要總例二卷例論五十九篇開熙中公孫筠守延平刊於郡齋歷世既久其書不可盡見所見者傳二十卷而已少藴之言曰春秋非爲當世而作爲天下後世而作也後世言春秋者不外三家左氏傳事不傳義是以詳於史而事未必實以其不知經也公穀傳義不傳事是以詳於經而義未必當以其不知史也乃酌三家求史與經其不得於事者則考於義不得於義者則考於事更相發明以作是傳辯定考究最稱精詳直齋陳振孫言其學視諸儒爲

精則是書豈非有志春秋者所當研究者歟其爲讞也即啖趙辯疑劉氏權衡而正其誤補其疏略自序春秋考曰自吾所爲讞推之知吾之所正爲不妄也而後可以觀吾考自其考推之知吾之所擇爲不誣也而後可以觀吾傳是三書者闕一則無以見少藴之用心而惜乎今之不得見其全也雖然即傳所取之義以求其所舍擇縱全書未能盡窺亦可得其大槩矣況四海之大好事之儒藏書之老寧無秘而傳之者安知不因是書之行而亟出歟少藴名夢得官至參知政事生平具見宋史居吳興弁山爲園亭竒石森列故用楚詞天問語自號云

康熙丁巳納蘭成德容若序

石林先生春秋傳序

葉子曰春秋爲魯而作乎爲周而作乎爲當時諸侯而作乎爲天下與後世而作乎曰爲魯作春秋非魯之史也曰爲周作春秋非周之史也曰爲當時諸侯作春秋非當時諸侯之史也夫以一天下之大必有與立者矣可施之一時不可施之萬世天下終不可立也然則爲天下作歟爲後世作歟故即魯史而爲之經求之天理則君臣也父子也兄弟也朋友也夫婦也無不在也求之人事則治也教也禮也政也刑也事也無不備也以上則日星雷電雨雹雪霜之見於天者皆著也以下則山崩地震水旱無冰之見於

地者皆列也泛求之萬物則螽螟蝝蜚麋蜮鸜鵒之於鳥獸麥苗李梅雨冰殺菽之於草木者亦無一而或遺也而吾以一王之法筆削於其間穹然如天之在上未嘗容其心而可與可奪可是可非可生可殺秋毫莫之逃焉迎之不見其始要之不見其終是以其書斷取十有二公以法天之大數備四時以爲年而正其行事號之曰春秋以自比於天由是可以爲帝由是可以爲王由是霸者無所用其力由是亂臣賊子無所竄其身前乎此聖人者作固有堯舜禹湯文武周公焉而莫能外也後乎此聖人者作復有堯舜禹湯文武周公焉而莫能加也是以當孔子時雖

游夏之徒不能措一辭自孔子没而三家作吾不知於孔子親聞之歟傳聞之歟至於今千有餘歲天下之言春秋者惟三而已孟子不云乎其事則齊桓晉文其文則史而子之自言則曰其義則丘竊取之矣夫春秋者史也所以作春秋者經也故可與通天下曰事不可與通天下曰義左氏傳事不傳義是以詳於史而事未必實以不知經故也公羊穀梁傳義不傳事是以詳於經而義未必當以不知史故也由乎百世之後而出乎百世之上孰能覈事之實而察義之當歟惟知春秋之所以作爲天下也爲後世也其所自比者天也其所同者堯舜禹湯文武周公也不

得於事則考於義不得於義則考於事事義更相發明猶天之在上有目者所可共覩則其爲與爲奪爲是爲非爲生爲殺者庶幾或得而窺之矣天之既喪斯文也後死者不得與於斯文也天之未喪斯文也後世必有作者焉乃酌三家求史與經試嘗爲之言以俟後之君子而擇其中其亦有當爾乎其亦無當爾乎作春秋傳二十篇

石林先生春秋傳卷第一

葉氏

隱公一

春秋何始乎隱公王政不行而王法絶也孟子曰王者之迹熄而詩亡詩亡然後春秋作詩亡於陳靈公則何始乎隱公無王詩也二雅至幽王而絶平王東遷詩下降於國風而王迹熄矣隱公之始平王之末也而惠公先焉何以不始於惠公而始隱公是春秋之義也天者能生殺萬物者也天子者繼天以取法者也春秋者代天子以行法者也天道運於四時布於十有二月備於三百有六十日周公達而在上故

佐天子者列天地四時以爲之職而作周官設其屬三百有六十以當朞之日而取法者顯矣孔子窮而在下故代天子者具四時以爲年而作春秋斷自隱公爲十有二公以當月之數而行法者著矣天之大數不過十二古者天子冕十有二旒服十有二章圭十有二寸其食也鼎十有二物列天下十有二州而時巡以十有二歲皆所以法天也而孔子不得行之於其君故其託之於春秋亦曰春者天之所以生萬物而吾彰善以褒焉者也秋者天之所以殺萬物而吾懲惡以貶焉者也是以因古史而爲之名茲不以周公天地四時名官者歟夫然故載之十有二公之

行事以備其數則亦以三百六十爲之屬之意也是說也古之人有傳之者而何休獨知之春秋感獲麟而作乎作而絕筆於獲麟乎感獲麟而作也吾何以知之孔子求爲周公者也蓋曰天下無道禮樂征伐自諸侯出十世希不失矣自大夫出五世希不失矣陪臣執國命三世希不失矣周之失政自隱公魯之失政自宣公三桓之不得專國政自陽虎孔子蓋傷之而知其莫能爲也故其始曰甚矣吾衰也久矣吾不復夢見周公及其中也曰鳳鳥不至河不出圖吾已矣夫至於獲麟非特王者之瑞不至所以爲王者之瑞且不得自保而獲焉則曰孰爲來哉孰爲來哉

其察於天者如是其審以爲明王不作而天下莫能宗予然後載之空言以爲之終而作春秋逆而推之上始於隱公是説也古之人有傳之者而杜預獨知之惟知春秋之名而後知天子所以法天知春秋之作而後知孔子所以代天子知春秋之取十二公而後知代天子以法天之道如是而可與言春秋矣

元年春王正月

王者以正朔一天下故協時月正日者天下無不同諸侯繼世而有其國故即位而見始者各得稱元年以自異年者其總名月者政令之所從施也易曰元者善之長也君子體仁足以長人未有始

即位而不求其爲仁者也故不曰一年曰元年子曰政者正也子帥以正孰敢不正未有始行事而不求其爲正者也故不曰一月曰正月古者命是久矣王者上求法於天而下以爲政於天下故春秋舉王於元年春正月之間此百王不易之道也諸侯受朔於天子元年者已之所有也正月者王之所頒也知其爲王正月而諸侯之道盡矣隱何以不書即位將以治隱也隱受國於惠公則正私其志而欲以讓桓則不正其必曰是桓之位而非吾之所得居也故書正月以見正不書即位以治其不正不書非不即位也諸侯繼世未有不即位

而成君者以爲有其位而不能居是以没之以正其志也葉子曰隱桓之事三傳言之各不同左氏以仲子爲桓母而惠公再娶於宋仲子爲嫡夫人桓公爲嫡子故謂隱不得立而以即位爲攝立桓公爲太子而已奉之此以事推之也不知仲子非桓母諸侯禮不得再娶桓惡得爲嫡而立則事不足信矣公羊以立子以貴不以長而爲子以母貴之論故謂桓幼貴而宜立隱長賤而不宜立此以義推之也不知諸侯一娶九女爲貴賤者嫡庶爾禮未有衆妾而别貴賤者桓惡得以貴而立則義不足取矣惟穀梁以惠公能勝其邪心而與隱則

隱蓋受國於惠而正者也隱探先君之邪心而欲以與桓則隱不能守其位而失正者也經書正月不書即位其說在是矣禮王后無嫡則立長惠公既無元妃則隱與桓皆庶子而隱爲長隱之宜立不特受之於先君亦禮之所宜立也

三月公及邾儀父盟于蔑

邾魯附庸之國也五等之國不能五十里附於諸侯以達於天子曰附庸視王之大夫四命皆以字見儀父邾子克之字也盟天子之事也古者天子與諸侯非其節而時見曰會不能時巡而衆見曰同皆設方明盟於國門之外昭神明也諸侯有不協

請於天子而後盟司盟掌之諸侯不得擅相盟凡盟之志皆惡也有以外爲主彼欲盟而我從之則言公會某盟於某會聚辭也有以内爲主我欲盟而連彼則言公及某盟於某及連辭也不日闕文也葉子曰記史者以事繫日以日繫月然歟曰然春秋以日月爲例歟曰否繫事以日月史之常也有不可以盡得則有時而闕焉春秋者約魯史而爲之者也日月史不可以盡得則春秋亦安得而盡書哉必將以爲例有當見而史一失之則凡爲例者皆廢矣故日月不可以爲例爲是説者公羊穀梁之過也然則何以有日或不日或月有不月

此史之闕而春秋不能益也以爲非義之所在則從史而已閒有待之以見義而適得者癸酉大雨震電庚辰大雨雪見時之失也癸亥公之喪至自乾侯戊辰公即位見即位之節也而不可爲常亦有經成而後亡之者夏五之類是也

夏五月鄭伯克段于鄢

段鄭伯母弟也挈鄭伯殺世子母弟目君甚之也不曰殺曰克著其以力勝之必於殺而後已也于鄢遠也大夫三命而後氏段不稱公子未三命也諸侯之尊弟兄不得以屬通必有見焉而後挈之罪在兄而舉屬不友也罪在弟而舉屬不恭也段

何以不言弟兩責之也視之若非兄弟然鄭伯與段蓋爭國者也即位而與之京祭仲以爲過制而不禁曰多行不義必自斃既命二鄙貳於己公子呂言之而不聽曰無庸將自及至收貳以爲己邑呂復以爲得衆而不顧曰不義不暱厚將崩不已禍於將萌稔而至於襲我然後一舉而以二百乘伐之内有武姜之愛而不之恤必殺而後已者鄭伯之志也去而之鄢可以久矣又往及焉殺不足以言之天敍五典兄弟居其一賊其親而棄其天鄭伯無與立於天下矣

秋七月天王使宰咺來歸惠公仲子之賵

仲子惠公之妾母也何以不言夫人非夫人也其卒在隱公之世未嘗致爲夫人也歸死曰賵歸生曰賵賻以貨財賵以車馬宰大宰也上大夫也咺名也王之上大夫以邑爵見而不名妾母非王之所宜賵故咺去邑爵而名貶也葉子曰太宰王之所與治邦國者也葵丘之會宰周公在焉春秋舉而加之諸侯之上所以尊王也至僖公而以宰周公來聘蓋已屈矣若桓公以弑立而宰渠伯糾聘之則有甚焉故貶而加名仲子妾也而宰咺賵之則又甚焉故貶而去邑爵春秋之用法固有漸也以爲王不可以遽貶故即其使以見之將使王天

下者有以自反也然王使榮叔歸成風含且賵使召伯來會葬不貶榮叔召伯而去天以貶王何也仲子猶妾也成風則致之爲夫人矣賵仲子禮之所不宜爲也含賵成風而葬之則成之以爲夫人非特禮之所不宜爲也以妾爲嫡此王之所應治不能治而反成之王之不王孰大於此是不足以繼天者非使之所可見也

九月及宋人盟于宿

宋人微者也及者何公也何以不書公殺恥也凡公與微者盟無事而屈之則見公以示貶有爲而求之則没公以殺恥宿國也地以國者國亦與盟

也葉子曰吾何以知及者之爲公歟春秋凡兩微者之盟不志略小事也大夫以上書則或以名或以名氏今但言及而不目其人則誰乎春秋蓋有以公及人者矣公及莒人盟於浮來之類是也古者列國之卿當小國之君故禮卿不會公侯會伯子男可也夫公侯卿且不得會況微者乎公與卿大夫微者盟皆恥也然有不得已而非公之本意者則沒公有如及陽處父盟者焉則及微者盟而不目其人固以公爲恥而沒公者也春秋者原情以定罪者也以爲有爲而求之非吾所欲也吾既以自爲恥矣故爲之隱而沒公無事而屈之可以

已矣而吾欲焉則吾何懼於恥故從而著之以見公宋盟之事於傳無傳而左氏以爲始通惠公娶于宋隱公亦娶于宋魯宋蓋婚姻之國也今曰始通則前蓋嘗有絕之矣宿盟之後宋穆公遂以卒來赴而公葬之自是復遇宋公於清兩國不交兵者十年至於齊鄭爲好然後翬始伐宋則是盟非公有爲而求之乎浮來之役左氏以爲成紀好善小國也雖以子帛之盟息怨於我我不能自強而猶假以爲重至莒以微者敵之而不愧斯亦可已矣而公從之宜其不爲公隱也

冬十有二月祭伯來

祭伯寰內諸侯王之上大夫也來來朝也不書朝不與其朝也古者內諸侯不外交外諸侯不內交有天子在不敢以貳故凡夷狄不責其朝亦不能朝則不書朝凡內諸侯不正其與外朝亦不可受其朝亦不書朝皆曰來葉子曰吾觀於詩書以叅春秋凡王之公卿大夫士有稱爵與邑如周公召公毛伯苪伯者有稱氏與爵如劉子單子者有稱氏與字如南仲仍叔者有稱氏與名如劉夏石尚者有去氏稱名如寔者有名氏俱不稱稱人如上人者然後知詩書之所見其制名者甚備春秋之所書其正名者甚嚴也凡王之公卿皆大夫也言

上大夫有中大夫有下大夫古者二十冠而字曰伯某甫字與名並見故伯牛仲弓之類男子之通稱也至五十爲大夫則有爵矣又敬其字繫以氏而不名以是差而上之大夫始爵以字繫氏而不名則南仲仍叔之類皆下大夫也字進則爵下大夫以字繫氏中大夫宜以氏繫爵則劉子單子之類皆中大夫也爵進則邑中大夫以氏繫爵上大夫宜以爵繫邑則周公召公毛伯芮伯之類皆上大夫也由字而上則爵而已卿可以兼公皆上大夫故爵邑不嫌同辭下大夫不可兼中大夫之職故以氏與爵爲辨此仕於王朝者也其封於寰内

三公之田視公侯故公食於邑亦稱公州公之類是也卿視伯故卿食於邑亦稱伯祭伯之類是也以是差而下之下大夫以字繫氏上士宜以氏繫名則劉夏石尚皆上士也上士以氏繫名中士宜去氏稱名則寔中士也中士去氏稱名下士微矣名氏俱不足稱而稱人則王人皆下士也自人爲名自名爲氏自氏爲字自字爲爵自爵爲邑其等以是爲差莫不有命數焉即其命數以推於諸侯之卿大夫士有大國有次國有小國大國公也次國侯伯也小國子男也王之上士三命以名氏見大國次國之卿亦三命亦當以名氏見則甯俞華

元之類皆卿也王之中士再命以名見大國次國之大夫小國之卿亦再命亦當以名見則鄭宛莒慶之類皆大夫與卿也王之下士一命以人見則大國次國之上士小國之大夫亦一命亦當以人見而大國次國之中士下士與小國之士其辭窮矣皆當以人見則宋人邾人之類皆士也故諸侯之臣非嘗入而爲王卿士者皆無得以氏字見諸侯無四命之大夫也王之所以爲王者以有禮也禮之所以爲有禮者以有名分也王政不作而禮廢禮廢而天下之名分亂矣興衰王之典而申之示天下爲復有王者必春秋而後能正也

公子益師卒

公子益師吾大夫之三命者也諸侯之子稱公子公子之子稱公孫皆氏也公子之尊視大夫大夫三命而後以氏見故公子亦三命而後以氏見内大夫卒外大夫不卒為之服者則卒之不為服者則不卒内外之辭也禮王為三公六卿錫衰諸侯緦衰大夫士疑衰其首服皆弁經以為君臣同體皆所以示有恩也則諸侯之卿大夫宜亦有以為之服如王之服者也

二年春公會戎于潛

戎西方之夷流入於中國者也既僭盟矣又僭而

爲直會焉此天子所以禮諸侯者也坎地殺牲載書而埋之歃血以爲約謂之盟約信命事殺牲而不歃血謂之會天子之會以禮諸侯因而爲盟會其本也盟其末也故天子言會不言盟諸侯之盟以謀不叶因而以爲會盟其本也會其末也故言盟不言會乃相見於隙地會而不盟蓋直以僭天子之禮於諸侯者焉爾凡會之志皆惡也會惡矣與戎會惡又甚焉葉子曰東方曰夷南方曰蠻西方曰戎北方曰狄四夷之在中國之外者也亦有中國之夷焉東有淮夷徐戎南有戎蠻子嘉子赤西有姜戎陸渾戎北有赤狄白狄皆其類之入於

中國者也王者内京師而外諸夏内諸夏而外夷狄故四夷雖在中國正朔不加朝聘不與終不與之通中國之惡夷狄甚矣周自太王避狄而去邠文王之世猶有昆夷玁狁之患伯禽有魯而徐戎淮夷並興東郊不開至幽王而犬戎遂滅周宣王南征北伐僅以中興故詩人記之曰文王以采薇以下治外小雅盡廢則四夷交侵中國微矣及襄王立而王子帶爭國遂召揚拒泉臯伊雒之戎以伐京師而襄王復以狄伐鄭納其女以爲后則中國之不爲夷狄者幾希矣杞二王之後也猶習而用夷禮此戎所以至於伐凡伯天王所以至於敗

績于茅戎歟自僖公之後楚始漸強孔子區區於召陵之盟而致意於管仲曰微管仲吾其被髮左衽矣成公之初吳復見經吳楚之盛其間不無小善終不得一列於中國與諸侯比合君臣之辭而一施之此習夷狄者其拒之有如是之深況眞爲蠻夷戎狄者乎故曰夷狄之有君不如諸夏之亡也孟子論禹抑洪水而天下平周公兼夷狄驅猛獸而百姓寧孔子成春秋而亂臣賊子懼以詩戎狄是膺荊舒是懲爲證然則春秋之所書周公之所膺也

夏五月莒人入向

向國也得而不居曰入入逆辭也入國猶圍國未有不以兵者其曰人將卑師少也諸侯以強陵弱以衆暴寡而後有入人之國者凡入之志皆惡也

無駭帥師入極

極國也無駭吾大夫之冉命者也帥師將尊師衆也二千五百人爲師萬二千五百人爲軍周制也然軍或謂之大師或謂之六師則師亦軍也蓋有合而名之者有別而名之者帥師將之也不言使將非君所御也凡將尊師衆稱某帥師將尊師少稱將將卑師衆稱師將卑師少稱人惟君將不言帥師

秋八月庚辰公及戎盟于唐九月紀裂繻來逆女

紀侯國也裂繻紀大夫之再命者也諸侯娶於他國以上大夫逆女女在國之辭也在國稱女在途稱婦入國稱夫人裂繻不言使母命之也禮宗子無父則母命之親皆沒則已躬命之支子則稱其宗弟稱其兄春秋凡變事書常事不書逆女常也此何以書爲其母命之一見正也葉子曰昏禮五逆女不與焉逆女娶於他國之道也天子諸侯必親迎禮歟禮也逆女於他國則親之禮歟非禮也昏禮主人請期賓告曰某日使者反命主人曰聞命矣及期初婚父親醮子而命之迎主人筵几於

廟而拜迎於門外壻執鴈入升堂再拜奠鴈降出
御婦車而壻授綏於門外是謂冕而親迎故詩著
刺不親迎以俟我於著俟我於庭俟我於堂爲言
若娶於他國則上大夫逆之即館及期而後迎焉
正也孰有迎女而親迎之者歟逆女非昏禮之正
而先儒一之謂春秋書逆女爲譏不親迎是知迎
而不知逆也

冬十月伯姬歸於紀

伯姬公之姑姊妹也婦人謂嫁曰歸内女嫁爲夫
人則書歸不爲夫人則不書歸尊相敵也逆稱女
別婦也歸稱伯姬別異姓也以字繫姓婦人之通

稱葉子曰吾何以知伯姬之爲姑姊妹歟春秋有言伯姬叔姬季姬者有言子叔姬者古者曰男子曰女子非以別子之稱別男女之稱也以別乎子必有加子者焉故女子或曰女子子禮所謂女子子在室爲父三年者是也或曰子女子禮所謂子女子之長殤中殤大功者是也叔姬而加子者蓋今公之子則伯姬叔姬季姬固公姑姊妹也

紀子帛莒子盟於密

紀子帛左氏作子帛公羊穀梁作子伯當從左氏紀侯國非子爵也子帛紀大夫之字也莒子將不利於魯子帛以婚姻之故通與之盟而平焉故以

字見褒之也其事則史失之矣凡外諸侯盟會征伐以告則書不以告則不書葉子曰吾何以知子帛之爲紀大夫之字歟春秋蓋有褒外大夫而字者矣宋子哀是也盟雖諸侯且不得擅爲而況大夫乎然愛而知其惡憎而知其善君子之道也春秋雖正名以定罪於罪之間有可録焉亦不以廢也楚屈完來盟得以名氏見屈完不得不稱名氏者也齊高子來盟得以字見高傒不得不稱字者也屈完之盟以天下高傒之盟以魯見義不得不與子帛可獨已乎以子帛爲裂繻之字謂莒魯有怨紀侯既婚於魯使子帛盟莒以和解之爲魯結

好息民其說雖出於杜預然左氏以爲魯故則傳之蓋有自也

十有二月乙卯夫人子氏薨

子氏隱公之妻也公死曰薨夫人之死亦曰薨内辭也不書葬夫人之義從君者也先薨則不葬待君而後葬周道也合葬非古也自周公以來未之有改也葉子曰子氏左氏以爲隱公之母則聲子也公羊以爲惠公之母則仲子也聲子仲子皆未嘗致之爲夫人固不得稱夫人則子氏稱夫人蓋隱公之妻穀梁之言是也

鄭人伐衛

聲其罪而討曰伐伐備鐘鼓不聲其罪而直討曰侵侵密聲有鐘鼓而不作罪大則伐小則侵侵伐皆討罪之辭服則止矣故不書勝敗賊賢害民則伐之負固不服則侵之大司馬之法也天子在上諸侯不得擅相討天下無道征伐自諸侯出凡伐之志皆惡也葉子曰吾何以知侵伐之辨歟宋人殺昭公晉趙盾請師以伐宋發令于大廟召軍吏而戒樂正曰三軍之鐘鼓必備焉趙同有疑盾曰大罪伐之小罪憚之襲侵之事陵也是故伐備鐘鼓聲其罪也戰以錞于丁寧儆其民也襲侵密聲爲暫事也乃使旁告於諸侯治兵振旅鳴鐘鼓以

至於宋猶行先王之政也春秋之世征伐自諸侯出雖無適而不爲僭然其名則竊取之矣

三年春王二月己巳日有食之

爲天下記異也日天下之至陽也有君道焉有父道焉有夫道焉有中國之道焉食者何傷之也爲天下至陽而物得以傷之必有爲之然者矣而不可知也日有食之云爾是天下之大異也其食必於朔日月之會也日一日一周天月一月一周天天之大物爲十有二辰月一周而與日遇於辰陽得其道則不食不得其道則食故有食不食日月動物也動而或差則不能皆中節月未望則載魄

于西晦而見西謂之朓日行遲而月行疾也月死望則遡魄于東朔而見東謂之仄慝日行疾而月行遲也故或食於朔君子一推以其數則凡見其異者不知其可畏也一以爲有以致之則不當其物者必以爲不信也特舉其異而與天下共記焉其必有當之者而畏天者知所警矣凡書月與日而見其朔者正也書月與日而不見朔書月而不見日與朔者差也書月與朔而不見日者史官之失也葉子曰惟上帝不常作善降之百祥作不善降之百殃自堯舜以來天人未嘗不相因也有一國之異有天下之異一國之異繫一國故大災可

繫齊六鷁退飛可繫宋鸜鵒來巢可繫魯天下之異繫天下故梁山崩沙鹿皆晉也而不可繫晉日者有目之所共覩其繫非以天下歟春秋之時臣弒君子弒父妻弒夫夷狄侵中國以其道言之則陽之傷也多矣謂其無以致之不可也然日月之行則有冬夏兆而爲至裂而爲分日食必於朔月食必於望不可差以毫釐謂其非有數焉於其間亦不可也或曠年而不食或仍月而食彊弱在其道盈縮在其行皆聖人所不敢知惟兩存而不廢是故以爲有以致之也先王於是伐鼓用幣瞽奏鼓嗇夫馳庶人走曰吾以救日也而春秋日食則

書之以爲有數焉而莫之違先王於是有救日之
失而無救月之請曰是其當然而無與於人也而
春秋月食則不書所以正人事而全天道也

石林先生春秋傳卷第一

後學　成德　校訂
巴陵鍾謙鈞重刊

十七
通志堂

八十四

蘇氏春秋傳卷一

文

石林先生春秋傳卷第二

葉　氏

隱公二

三月庚戌天王崩

天子曰崩諸侯曰薨大夫曰卒士曰不禄禮也天子記崩不記葬舉天下而葬一人不疑也葉子曰周天王見春秋之世者十有二有見崩見葬者有見崩不見葬者有崩葬皆不見者崩以赴書葬以義見莊僖頃不書崩不以告則不得而書也天子七月而葬桓以七年則緩匡以四月簡以五月景以二月則速非其時也葬天子親者也文公以叔

孫得臣葬襄王昭公以叔鞅葬景王非其禮也故特書崩所書也莊僖頃三王以不赴不書葬所不書也桓匡簡襄景五王以失時違禮特書葬則平惠定靈四王書崩不書葬周不失時魯不失禮以爲常事而不書歟

夏四月辛卯尹氏卒

尹氏左氏作君氏公羊穀梁作尹氏當從二傳夫人不可以氏君王之卿士也外大夫不卒此何以卒天王之喪嘗主我而我喪之也何以舉族因是以貶世卿也葉子曰古者内諸侯禄外諸侯嗣内諸侯而嗣強也諸侯世國大夫不世爵禄諸侯之

大夫而世爵祿僭也春秋之世內諸侯之嗣有如
尹氏者其後卒以擅立君諸侯之大夫世爵有如
齊崔氏者其後卒以弒君故尹卒以氏書崔杼出
奔以氏書以爲是世卿者所爲故各因其事一見
法焉

秋武氏子來求賻

賻歸生者也禮有喪弔而含含而襚襚而賵賵而
臨五者皆同日臣爲君喪致襚曰致廢衣於賈人
納貨貝曰納甸於有司賵馬入廟門賻馬與其幣
大白兵車不入廟門生事也天王崩於是五月矣
魯當歸而不歸周不當求而求皆過也何以不言

使桓王當喪未君也君薨百官總己聽於冢宰武氏子大夫之在喪者也君子不奪人之喪武氏在喪而命之亦非也諸侯在喪稱子繫之國大夫在喪稱子繫之氏

八月庚辰宋公和卒

外大夫何以卒以我喪之也同姓臨於祖廟同宗同族臨於禰廟異姓臨於外皆以名見所以正終也不言薨以别乎内也古者制名上可以兼下下不可以兼上諸侯曰薨而天子亦有言君薨聽於冢宰者士曰不禄而諸侯之赴亦有言寡君不禄者故外諸侯卒不嫌與大夫同辭以上兼下也卒

者以赴爲辭赴則書不赴則不書赴以名則書以
名赴不以名則不書以名卒而不赴赴而不以名
以爲不恭其君外之失也葉子曰諸侯死而赴以
名禮歟曰然同盟則赴以名不同盟則不赴以名
禮歟曰否此左氏之誤也古者無諱至周而後諱
然必葬而後諱之者生事終鬼事始也未葬而諱
是不懷也子蒲卒哭者呼滅子臯曰若是野哉呼
之非也赴之禮也春秋有同盟而不名者宿男卒
之類是也有未同盟而名者蔡侯考父卒之類是
也豈皆别於盟乎春秋雖以名正然終有不得而
名者春秋不能益也從史而已然則禮君赴於他

國之辭曰寡君不禄而不名何也非禮也記禮者之失也

冬十有二月齊侯鄭伯盟於石門

外盟也内盟言會及外盟不言會及直曰盟而已内外之辭也必有事焉然後與内同辭鄫子會盟于邾衛人及狄盟是也

癸未葬宋穆公

外諸侯何以葬以我會之也諸侯之喪士弔大夫會葬禮也卒從正故書名葬從主人故書謚周人以諱事神葬而後舉之凡見卒不見葬者我不往會内之失也

四年春王二月莒人伐杞取牟婁

牟婁杞邑也外取邑不書此何以書不正其以伐取也伐者問罪之師服則止矣從而取其邑是利之也凡國曰滅邑曰取無宗廟社稷君長屬之以爲已有謂之取

戊申衛州吁弑其君完

州吁公子也不氏未三命也惡莫大於弑其君不待貶絶而罪自見君子無所加辭焉各正其名而巳世子稱世子公子稱公子大夫以名氏見者稱名氏以名見者稱名微者稱人有稱國者爲衆弑君之辭也

夏公及宋公遇于清

遇會之薄也清衛地及我接之也會不言及遇言及會所期也遇非所期也宋公在衛而我往從之故以我及宋公諸侯非王命不出境凡遇之志皆惡也葉子曰遇天子冬見諸侯之禮也諸侯相遇亦有爲之禮者歟曰未有兩君相見而不爲禮者也昭公孫于野井齊侯來唁公既哭以人爲菑以幦爲席以鞍爲几曰以遇禮相見則諸侯之遇固有禮矣然則季姬及鄫子遇于防亦禮歟曰非此之謂也桃丘之會衛侯不至書公弗遇此不以禮言也季姬非所見而見故假遇以爲辭使若適相

值然固不嫌與諸侯之遇同辭也

宋公陳侯蔡人衛人伐鄭

宋公陳侯何以稱爵君將不言師也君行師從不嫌於無師故外稱爵內稱公

秋翬帥師會宋公陳侯蔡人衛人伐鄭

翬吾大夫之再命者也翬名也

九月衛人殺州吁于濮

濮陳地也稱人以殺討賊之辭也臣弑君在官者殺無赦子弑父在宮者殺無赦夫人而可討也此殺州吁者石碏也而曰衛人以是爲衛人皆得討也

冬十有二月衛人立晉

晉桓公之弟也不氏未三命也衛人衆辭也石碏既殺州吁衛人逆晉於邢而立之立者不宜立也以其不宜立也故特書立焉以見義之得與其立也晉則何以謂之得與其立以弟繼兄謂之宜立不可也致萬民而詢立君周道也衆以爲可立而立之言之不宜立不可也葉子曰公儀仲子之喪舍其孫而立其子子服伯子曰仲子亦猶行古之道也昔者文王舍伯邑考而立武王微子舍其孫腯而立衍子游問諸孔子孔子曰否立孫春秋所謂宜立者孔子之言是也然不可以文王爲不得

立武王微子爲不得立行春秋所謂宜立者文王微子之意是也國君有嫡而立嫡無嫡而立長正也不幸無嫡又無長不與之立則無君與之立則未知其孰宜立也先王於是有致萬民而詢立君之道使桓公而有嫡與長則石碏必立之矣今見晉不見嫡與長是桓公無嫡又無長也衛人立晉而不得立則衛安得有君乎此春秋所以與晉也故因晉一見法焉以爲異乎尹氏立王子朝也

五年春公矢魚于棠

矢魚公羊穀梁作觀魚左氏作矢魚當從左氏矢射也古者天子諸侯將祭必親射牲因而獲禽亦

以共祭春獻魚之節也公將以盤遊蓋託射牲以祭焉以公爲荒矣於是公子彄諫曰鳥獸之肉不登於俎皮革齒牙骨角毛羽不登於器則公不射非其矢也棠魯地于棠遠也

夏四月葬衛桓公

宋穆公稱公二王後也衛侯爵也桓公何以亦稱公主人之辭也葉子曰五等諸侯皆稱公禮歟曰禮也人有十等王臣公公臣大夫古者五等諸侯有別而稱之者有合而稱之者別而稱之者實之所在不可得而越者也故諸公之儀不可爲侯伯侯伯之儀不可爲子男合而稱之者名之所在可

得而通者也故五服之別槩曰侯服五等之名槩曰諸侯舉其中以包上下也諸侯即位踰年於其國中得稱公豈不以臣子皆欲推尊於其君者歟公之爲言上以別乎主下以別乎大夫者也故有言后王君公者矣有言坐而論道謂之王公者矣子曰公子孫曰公孫非特許其臣子也雖王亦假之矣是以魯侯爵而諸公皆書公諸國之葬皆稱公襄内諸侯葬亦稱公周道也以爲貶其僭者誤也

秋衞師入郕

郕國也

九月考仲子之宮初獻六羽

仲子惠公仲子也宮廟也考成也仲子則何以得考宮亡乎禮之禮也與之歟與之也禮庶子爲君爲其母築宮使公子主其祭於子祭於孫止仲子不得終於惠公之世則隱公不得祭然爲人後者爲其祖母三年則隱公以孫祭之可也是謂亡乎禮之禮義之所得與也與則何以書不正其初獻六羽干武舞也羽文舞也隱公知婦人無所用武而不用干不知仲子不得有樂而不可以獻六羽曰獻尊之也曰初謹始也夫欲尊之而不得其道適以爲卑而已矣子曰天下無道禮樂征伐自諸

侯出六羽其當之矣葉子曰吾何以知春秋與仲子之考宮歟立武宮立煬宮不與其立者也故不書考而書立立宜不可考固不足譏也仲子之宮與其考者也故不書立而書考於立無譏則考固吾之所與也然辭間容之之緩辭也不與其正之辭也故築王姬之館言之震夷伯之廟言之隱公雖可爲仲子立宮而終不可爲禮之正故君子不以所與廢所正春秋之義也婦人則何以不得有樂婦人從夫者也死而祔於夫則何所用樂周以閟宮祀姜嫄有先妣之樂亦亡乎禮之禮也而不通於仲子曰祭必用樂歟先王於羣小祀不與舞

仲子固不傷於無樂也雖以諸侯用六君子以爲悖矣先儒或以僭而越四羽爲譏或以殺而厲八佾爲美夫禮必先察其是非而後議其當否使婦人而得有樂則六羽固仲子之樂也使不得用樂雖殺其足美乎古者禮之別有四而已天子也諸侯也大夫也士也諸侯之樂同以軒縣爲節射同以貍首爲節未聞羽數而公侯有別也何獨取於四佾則亦不可謂之譏耶曰魯諸侯之廟僭用八佾自仲子始降而用六則八佾之用至昭公猶然則亦不可謂之美僭與殺二者皆無當吾是以知春秋所書不在六羽也

郳人鄭人伐宋

郳何以先鄭主兵也盟會以爵爲序盂之會楚子先諸侯之類有不以爵焉侵伐以主兵爲序戚之圍齊國夏先衞石曼姑之類有不以兵主焉春秋之義也

螟

記災也螟蟘蝥賊皆害稼螟食心蟘食葉蝥食節賊食根稼以食心爲重故獨書螟

冬十有二月辛巳公子彄卒

公子彄吾大夫之三命者也

宋人伐鄭圍長葛

長葛鄭邑也伐國不言圍邑此何以言圍爲後取
長葛起也
六年春鄭人來輸平
輸平左氏作渝平公羊穀梁作輸平當從二傳輸
猶輸粟然有物以將之也和而不盟曰平來外辭
也何以不言及鄭平方請未平也人微者也凡外
大夫來皆言使鄭人何以不言使辭不可言使人
也葉子曰吾何以知輸爲有物以將之歟夫平則
平矣故春秋有書及平者矣有書暨平者矣未有
先請而後遽書也是必有義重於已平者而後書
以見譏焉其重者何歸邴是也前無與之後孰歸

之非以物輸之所何左氏以輸爲渝謂之更成更成猶言釋憾也杜預以狐壤之戰實之夫釋憾何足志乎二氏雖以渝爲輸而以爲墮成則失之尤遠甚蓋知其文不知其事而妄意之也春秋諸侯會盟口血未乾而背之者皆是曷嘗盡以前告盟且不告而況於平乎更成墮成皆非義之所在法所不書吾是以知歸邴之爲輸也

夏五月辛酉公會齊侯盟于艾秋七月

無事必書首月以見時全天道也時者天道之一變而歲之所自成也春秋王者之事先天而天不違後天而奉天時王者繼天而爲之子也故歷一

時無事必書首月而繫於時不敢以無事廢時也歷一月無事則各於有事之月以見時欲因有時不失時也如是而後可以王矣

冬宋人取長葛

外取邑不書此何以書不正其以伐取也伐人而圍其邑踰年而後取之其暴爲已甚矣不繫之鄭不與其得取於鄭也

七年春王三月

春秋書王惟春各於其有事之月見之至夏則否王者以正始爲本春歲之始也無事不得見於正月則見於二月不得見於二月則見於三月過三

月則時已變矣非王之所以爲始是以夏不書王不嫌於無王也

叔姬歸于紀

伯姬歸于紀矣叔姬何以復言歸歸紀季也內女嫁爲夫人則書不爲夫人則不書叔姬非夫人也何以得書將以起紀季之以酅入於齊也酅紀季之邑也紀季以酅入於齊非以存酅以存紀也言歸紀季則不得書言歸於紀則得書君子憫紀之亡而欲存之紀季不得以侯書故假叔姬以夫人之辭成紀季以爲侯而後紀可見者春秋之義也

葉子曰叔姬歸于紀左氏公羊皆無傳而説者以

爲伯姬之媵而待年者也禮諸侯一娶九女蓋以廣繼嗣之道而絶妬忌之行爲之媵者必與之俱行詩曰韓侯娶妻諸娣從之待年於室於禮未之聞也且媵小事不書宋共姬之媵有爲言之也使叔姬以紀故而録自當正名曰媵亦安得以夫人之辭同書曰歸於穀梁獨以爲逆之道微故不言逆媵固不得言逆以爲大夫妻乎則不當書歸以爲紀侯妻乎則既有伯姬矣吾不知其說則曰紀季爲妻者義當然也

滕侯卒夏城中丘

中丘内邑也夏城之失時也凡土功有時制龍見

而戒事火見而致用水昏正而栽日至而畢時也
大都不過參國之一中五之一小九之一無過百
雉制也不得其時則書不得其制則書其役長者
志以時其役短者志以月未有以建子書者外是
皆失時也創築曰築脩舊曰城脩舊淺事不得其
時制雖淺事亦書重民事也

齊侯使其弟年來聘

諸侯之邦交歲相問殷相聘周道也書聘不書問
略小事也聘大夫之事古者大夫五十而後爵異
姓以名氏見同姓以公子見雖母弟亦以公子見
年不稱公子非大夫也諸侯之尊弟兄不得以屬

通其弟年云者以母弟而任大夫之事以齊侯爲愛其弟而易大夫非公天下之道也

秋公伐邾

不言師君將也

冬天王使凡伯來聘

凡伯王之上大夫也凡邑也伯爵也天子時聘以結諸侯之好大夫將之周道也何以書非常也葉子曰存覜省聘問五者君之事也春秋何以獨書聘吾考於禮天子之撫邦國者一歲徧存三歲徧覜五歲徧省而無聘問至時聘以結諸侯之好殷覜以除邦國之慝閒問以喻諸侯之志則存省不

與蓋存覜省常也猶臣之有朝覲宗遇也聘問非常也猶臣之有會同也聘與問一事也大曰聘小曰問則問亦聘矣而殷覜亦與常覜異特見於除慝二者時舉而用之故典瑞有殷聘之玉無存省之玉無存省之玉蓋非常則用玉常事則不用玉春秋之世邦國之慝無歲無有王之所不暇覜亦非王之所得除也則非常而見者惟聘而已此聘所以獨見也

戎伐凡伯于楚丘以歸

楚丘衛邑也戎中國之夷也戎朝周發幣于公卿凡伯弗賓戎因其使我而歸邀諸塗而執之其曰

伐何不與戎之得執天子之使也伐何以與執何以不與伐者一國之辭執者一人之辭伐者加諸我當不當未可知焉執則爲之囚服矣伐可言執不可言也戎之伐雖不得爲正而凡伯以王臣而見伐於戎則爲凡伯者亦病矣葉子曰子貢問何如斯可謂之士矣子曰使於四方不辱君命可謂士矣周衰以中國之戎而暴天子之使君子雖爲之辭以抗王人然凡伯不能正其身以辱君命亦春秋所不得掩如是而後可以抑夷狄正王臣焉

八年春宋公衛侯遇于垂

外遇不言及略之也以告則書不以告則不書

三月鄭伯使宛來歸邴

邴左氏作祊公羊穀梁作邴當從二傳邴鄭邑也宛鄭大夫之再命者也鄭邑則何以歸于我以輸平也諸侯受地於天子不得私與人歸之罪納之亦罪也葉子曰邴三家皆以爲鄭祀泰山湯沐之邑蓋自左氏失之古者謂秋田祭四方爲祊祭之明日再祭爲祊祊祭名也左氏既以爲祀泰山之邑故遂誤其地爲祊謂鄭請復祀周公易田而以許田爲周公祊鄭祀周公非其鬼而祭之此理之必不然者也而何祊之云二傳雖得其名而不察其實故亦從以爲湯沐之邑邴不得爲祀周公之

祊則許安得爲祭泰山之邑哉惟不知前之爲輸平是以妄信其傳而弗悟也

庚寅我入邴

歸邴挈鄭伯著鄭罪也入邴挈我著魯罪也凡内邑歸言取不言入我所有也歸外邑言入不言取非我所有也入逆辭也非我所有外雖歸之其道猶爲逆云爾葉子曰春秋書内事未有言我者惟外伐我言某鄙敗績言我師此別外之辭也舍是惟我入邴齊人歸我濟西田吴伐我齊伐我凡四見焉是豈別於外乎凡我皆有己之辭春秋之所貶固皆己罪然有因人而致之者未必皆出於我

也
夏六月己亥蔡侯考父卒辛亥宿男卒秋七月庚午宋公齊侯衛侯盟于瓦屋八月葬蔡宣公九月辛卯公及莒人盟于浮來螟冬十有二月無駭卒

九年春天王使南季來聘

南季王之下大夫也聘或以卿或以大夫以卿聘者大聘也以大夫聘者小聘也葉子曰吾何以知聘大小之異使歟聘禮使者載旜旜孤卿之所建也然有曰大夫來使無罪則饗蓋有大夫而爲使者矣而禮諸侯之邦交五年一大聘三年一小聘先儒謂大聘用卿小聘用大夫此諸侯之禮也春

秋書王聘言尊者如宰周公幼者如王季子仍叔之子固異文而有書卿以邑爵見如凡伯渠伯者有書大夫以氏字見如南季家父者以諸侯之禮推之茲非大小之辨歟大聘聘也小聘問也聘有享獻及夫人主人筵几有私面升而郊勞至問則略之是所以爲大小之辨者此使所以亦不得同也

三月癸酉大雨震電

大雨震電不書此何以書不時也建寅之月未雨雨水而大雨雷未發聲而震電

庚辰大雨雪

大雨雪不書此何以書不時也建寅之月也

挾卒

挾吾大夫之再命者也

夏城郎

不時也

秋七月冬公會齊侯于防

十年春王二月公會齊侯鄭伯于中丘夏翬帥師會齊人鄭人伐宋六月壬戌公敗宋師于菅

前未有言戰者此何以言敗宋師内辭也春秋内魯而外諸侯内敗於外皆不言我師敗績直曰戰不以内受敗於外也内勝外皆不言及某師戰直

曰敗其師不以外見敗於内也此翬之師也何以言公非翬之師也翬還以爲不得志而公自將也葉子曰春秋有偏戰有疑戰偏戰結日而戰也疑戰詐戰也爲左氏之説者曰皆陳曰戰謂偏戰也未陳曰敗其師謂疑戰也而穀梁亦云非也凡魯與外書敗者七未有一言敗績者豈魯皆詐戰乎凡外諸侯書戰者十有四未有一言敗我師者豈諸侯皆偏戰乎吾是以知春秋之義在内外不在偏戰疑戰也

辛未取郜

郜宋附庸之國也凡取附庸之國曰取屬之以爲

已有也雖有社稷宗廟君長而屬之以爲已有故不嫌於與邑同辭也葉子曰吾何以知郜爲附庸之國歟桓書取郜大鼎于宋以郜別宋則非宋之邑也僖書國之來朝則郜非特爲魯之附庸蓋後自能立國進而爲子猶郳之爲郳子也誠爲宋邑則郜安得有君哉

辛巳取防

防宋邑也内取外邑不書此何以書我舊邑而嘗侵於宋者也葉子曰吾何以知防之爲我邑歟前年書公會齊侯于防固我邑也至是而會齊鄭伐宋未知宋之罪也或者齊會之後宋嘗侵於我遂

伐而復取之歟何以不書宋侵外取内邑皆不書
殺恥也故書取郜亦不著其侵也
秋宋人衛人入鄭宋人蔡人衛人伐戴鄭伯伐取之
鄭伯伐者何伐宋蔡衛三師也鄭伯取者何取宋
蔡衛三師也何以言伐又言取不正鄭伯乘人之
隙出不意而覆其師也宋人衛人入鄭固非矣得
而不居猶未盡惡焉益之以蔡而伐戴則力已憊
志已驕矣鄭伯乘而伐之三國不支鄭伯於是乎
取其師伐討罪之名也鄭伯討其入國之役可也
不待其服乘其隙而取之其師不可也何以不言
師師少也春秋有言宋皇瑗取鄭師于雍丘矣有

言鄭罕達取宋師于嵒矣取者覆而敗之不遺一人之辭也何以不言鄭伯取宋人衛人蔡人於戴戴不見伐無以著三師玩兵而可取鄭不見伐無以著其以討罪爲名而志復怨伐宋取長葛爲暴師也伐邾取須句爲登叛也且不可況一日而覆三師乎君子爲之變文曰伐取之其辭略而殺甚鄭伯也

冬十月壬午齊人鄭人入郕

十有一年春

春秋正月無事則以次月首時而書王矣亦有事在時而不得其月者則以事繫時而不書王無所

寄王也隱十年無正月豈皆不得其月歟因其有不得者而去其所得者以正隱也葉子曰吾何以知隱正月爲因其有不得而去其所得歟春秋天下之大法也事者法之所記以著者也事可以見法則著事事不可以見法則著法事可去法不可失也隱受位於惠正也不有其位欲致國於桓則不失也著其始正而治其終不正故元年有正月自二年終其世無正月定不受位於昭非正也因其受而有之不爲徒讓以起亂則正也治其始不正而與其終正故定元年無正月自二年終其世有正月是說也公羊穀梁知之而不盡夫定亦安

得爲終正哉蓋定既迫於季氏而受之矣將復致國于昭之子則季氏必不從也定既不受昭之子又終不得立則魯何時而可治乎三家未必不乘其隙而取之是以不得已而與之正夫定猶不得已而見歟則隱之得已宜春秋之不與也

石林先生春秋傳卷第二

後學　成德　挍訂

巴陵鍾謙鈞重刊

石林先生春秋傳卷第三

葉　氏

隱公三

十一年春滕侯薛侯來朝

朝諸侯見於天子之禮也諸侯不得相朝侯而更相朝因僭矣而又旅見亦天子之禮也故累數之以公爲僭之中又有僭焉者也葉子曰吾何以知諸侯之不得相朝歟禮莫大於君臣辨君臣之分莫嚴於朝故一歲而以時來見者四六年而以服來朝者五天子所以一天下也朝覲宗遇會同皆朝之名既命之曰朝以其先者爲主也朝之爲言

天子當宁而立諸公東面諸侯西面曾何取於諸侯之庭哉乃諸侯有入其國假道而過焉者謂之邦交於是有兩君相見之好是故諸侯有兩君相見之好無兩君相朝之禮至春秋而先王之制亡矣有言諸侯聞於天子之事則相朝者有言小國之免於大國朝而獻功者有言先王制諸侯五年四王一相朝者有言明王之制諸侯五歲而朝者此周之末造也大抵彊弱更相事而已是以魯之往朝者皆晉楚齊大國而諸侯之來朝於魯者皆穀鄧滕薛杞鄫邾郜曹郳郯牟葛小國非特諸侯然也王臣亦有外交而僭者焉其見於內則祭公

祭伯來其見於外則州公如曹春秋一正之外書曰朝内書曰如旅見則累數非其所則志地攝而來則志名各著其實而罪自見至於王臣又絶其朝而不書嫌於貳君也夷狄亦絶其朝而不書嫌於亂華也而三家不能辨或曰諸侯即位小國朝之或曰諸侯再相朝以修王命或曰考禮修德所以尊天子此豈周制也哉然則大行人之辭曰諸侯之邦交有世相朝者吾聞諸公侯伯子男入有郊勞出有贈賄見於廟中相與爲賓之儀矣未聞當宁而面於庭者此諸侯欲文過而益其籍之辭非先王之言也

夏公會鄭伯于時來秋七月壬午公及齊侯鄭伯入許冬十有一月壬辰公薨

公薨何以不地故也故則何以書薨以内大惡則不可言以臣子之心則不忍言也何以不言葬春秋之法君弒賊不討則不書葬責臣子也以爲所以事君親者人得以任其責故君弒在官者皆得討之不必其國也父弒在宫者皆得討之不必其子也州吁弒桓公衞人能討之故桓公得葬無知弒襄公齊人能討之故襄公得葬葬者臣子之終事君弒賊在偃然南面而事之曰吾所以事其君親者爲已終可乎此春秋所以不得葬也

桓公一

元年春王正月公即位

繼故不書即位言有不忍於先君也此何以書即位身弒君而代之成其意也葉子曰天子崩諸侯薨嗣子立於喪次禮歟禮也天子七日而殯諸侯五日而殯既殯大臣以其受命於前王者即柩前而告之曰顧命禮歟亦禮也然則何以踰年始書即位稱元年有喪次之位有南面之位喪次之位所以繼體也一年不二君故雖即位未成其爲君出見羣臣於寢門之外羣臣拜則荅拜天子稱子小子諸侯稱子年用舊君之年而未敢改位存舊

君之位而未敢居死則天子稱小子王諸侯稱小子侯南面之位所以朝羣臣也曠年不可以無君故至於明年天道一變前王之義終矣然後始以其正月朔朝廟見先祖以所受命者告焉而稱元年天子稱王諸侯於其封內稱爵自周以來未之有改也然則繼故不書即位豈不即位歟原其情有所不忍而不書也而先儒乃以爲繼故則不即先君之位夫天下未有無位而爲君者不即先君之位而何位乎即位者禮也忍不忍者情也死君而代之位孰以爲忍而況於繼故繼故不書即位所以弭天下之爭而示有恩於先君者春秋之義

也

三月公會鄭伯于垂

公何以會鄭伯求免于鄭也葉子曰垂之會三傳皆不著其説吾何以知其爲求免於鄭歟故弑其君則殘之周公之刑也周衰王政不行於天下列國有弑其君者非特天子不能討方伯不能正而有幸而求免焉衛州吁弑桓公而立未能和其民厚問定君於石碏石碏曰王覲爲可於是教之使朝陳而請覲曹負芻殺宣公之子而自立諸侯與會於戚而執之曹人請於晉曰若有罪則君列諸會矣亂臣賊子之所懼者天子與侯伯爾天子而

與之覲諸侯而與之會是既許之爲君矣後雖有欲討者無所加兵焉此周之末造也宣公弒子赤而會齊侯于平州左氏以爲定公會齊人於是取濟西田以爲賂左氏亦既言之桓之會鄭非齊之與宣會歟鄭伯以璧假許田則濟西之會也蓋自隱公初齊晉猶未強鄭莊公獨雄諸侯及使宛來歸邴之後隱遂舍宋而事鄭伐宋入許無不與之同者此桓之所畏也是其首求於鄭者歟鄭既得賂然後始固好而爲越之盟故稱及焉及者内爲志也三傳惟蔽於易邴之言不知許田之爲賂是以併垂之事而失之春秋有屬辭比事而可見者

吾故以負芻之討平州之役而知其然也

鄭伯以辟假許田

許田許之田也許田則魯何得有之鄭伯與我入許而居許叔於東偏以其大夫公孫獲居西偏蓋有分地而共取之者矣許近鄭而遠魯於是因會求併得焉何以言辟假不敢正其爲賂而爲之辭也其曰許田者何非許也許之田也郜鼎不得取之宋不可曰宋鼎許田不得取之魯不可曰魯田

葉子曰居常與許復周公之宇魯固自有許矣吾何以知許田爲取之許者歟春秋邑不言田故讙闡不言田舉重也國而後言田鄆言田邾言田得

田不得國也惟田目地故濟西汶陽漷東沂西皆繫地許地邑則不目田矣當與取讙及闡同辭其曰許田亦得田不得許也許田旣入鄭州來之狩楚子曰昔我皇祖伯父昆吾舊許是宅今鄭人貪賴其田而不我與楚遷許於葉王子勝言於楚子謂鄭以許爲俘邑則鄭之有許豈魯之謂歟公羊乃以田邑多寡爲别邑多於田稱邑夫邑孰有多於田者非吾所能知也

夏四月丁未公及鄭伯盟于越秋大水

記災也雨淫而害稼凡大水以時書者皆志夏秋以月書者皆志七月八月志以時者其災長志以

月者其災短七月八月尤麥苗之時也不爲災則

不書

冬十月

二年春王正月戊申宋督弑其君與夷及其大夫孔父

孔父宋大夫之四命者也宋何以有四命之大夫二王後得備官也弑官書及其臣君累之也累則何以有書不書賢則書之也孔父正色立朝人莫敢過督將弑殤公先攻孔父之家而殺之知孔父存則殤公不可得而弑矣是以及之也葉子曰吾何以知宋得備官歟古者二王後天子賓之而弗

臣皆得脩其禮物之舊所謂杞宋之郊以禹契者其最大焉者也一娶而十二女三夫人之媵各三則見於經矣是以諸侯大國三卿而宋獨備六卿其在成公則公子成爲右師公孫友爲左師樂豫爲司馬鱗矔爲司徒公子蕩爲司城華御事爲司寇矣其在共公則華元爲右師魚石爲左師蕩澤爲司馬華喜爲司徒公孫師爲司城向爲人爲大司寇矣其在元公則公孫忌爲大司馬邊卬爲大司徒樂祁爲司城仲幾爲左師樂大心爲右師樂輓爲大司寇矣春秋以命數正名不嫌與諸侯卿大夫同書王上大夫以邑爵見王中大夫以氏爵

見宋無畿内之邑不得食采而見爵故王上大夫雖以邑爵見而兼公則舉官宰周公是也宋有司馬司地則亦其上大夫而舉官者也王下大夫以字氏見家父是也宋有孔父則亦其下大夫而字舉者也王上士以名氏見如劉夏宋有仇牧亦上士也王中士以名見如寔宋有山亦中士也由是言之非二王後得備官歟然王之上士以名氏見而宋牧得稱大夫王之中士以名見而宋山亦得稱大夫蓋不能備官而攝者或不與諸侯同春秋攝卿與大夫皆同正書是以華元魚石仲幾皆得爲卿而山得以大夫稱也或者謂君前臣名孔父

不得爲字此禮之施於君臣相與之際者豈春秋之謂哉弑君名者初不以爲輕大夫字者初不以爲重道固並行而不相悖也

滕子來朝

滕侯國何以稱子時王貶之也諸侯一不朝則貶其爵宗廟有不順亦絀以爵焉周道也滕侯必居一於此矣葉子曰王政不行於諸侯久矣何以能加於滕歟春秋之初小國猶有聽命焉者也故杞於桓以侯見至僖而書子薛於隱以侯見至莊而書伯與是爲三皆微國也大國則莫見焉杞於僖以子見至文則復書伯亦以是進之也自文以後

雖三國亦莫行則周益衰矣或者以爲進退皆春秋夫爵王命也可春秋而專之乎以春秋爲可專則諸侯之惡有大於此三國者何以不貶或曰小白伯而正王爵杞薛蓋終小白之世未嘗與齊通也

三月公會齊侯陳侯鄭伯于稷以成宋亂

成平也古者謂和爲平謂平爲成宋亂則何以言成取賂於華督而不能討也何以不言平言成則見其與亂和言平則疑有正其亂者焉葉子曰諸侯不專征陳恒弑簡公孔子沐浴而告諸朝請討焉上無天子下無方伯天下諸侯有爲無道者臣

弑君子弑父力能討之則討之孔子之志也故蔡人殺陳佗楚人殺陳夏徵舒不嫌與衞州吁齊無知同辭華督之罪固諸侯所得討也乃取賂而與之成夫伐罪之師不求其必誅苟服則止矣結成而還可焉取成而還可焉行成而還可焉弑君之賊其可服罪而成乎春秋不目事會而目事者二稷之成宋亂也澶淵之宋災故也盟而目事者二孟之執宋公也薄之釋宋公也四者獨志於宋以爲二王後雖天子容而不臣是以重之宋亂之成諸侯無與容於天下矣

夏四月取郜大鼎于宋

此華督之賂也何以言郜大鼎郜之分器也古者親同姓以寶玉郜文之昭也武王克商分其宗廟之器以賜兄弟之國謂之宗彝而郜在焉是天子所賜以守其國者也郜雖失之宋不可有之鼎雖在宋猶曰郜鼎云爾前未有言與之者此何以言取所以見其爲成亂也鄭人以賂輸平於我而我從之故書鄭伯使宛來歸邴我責賂於宋以成其亂而宋與焉故書取郜大鼎于宋有所刺於後必有所見於前其曰取于宋宋非我所得取也宋不得取於郜則我固不得取於宋矣

戊申納于太廟

太廟周公之廟也周公稱太廟魯公稱世室羣公稱宮魯道也廟之有器所以薦德不義而薦之周公其衰矣是謂瀆其祖納者以力强致之辭也

秋七月杞侯來朝蔡侯鄭伯會于鄧

鄧亦與會也

九月入杞

不言主師内之微者也内之微者書人則不辭何以不言我不居也

公及戎盟于唐冬公至自唐

至者何告至於廟也禮諸侯適天子告于祖奠于禰反亦如之諸侯相見告于禰反必親告于祖禰

乃命祝史告至於前所告者而後聽朝而入葉子曰春秋書大事不書小事書變事不書常事國君歸而告于廟謂之致常事也何以書大也國君宗廟社稷之所繫安有出境而不致其反者乎何以或書或不書有史失之而不得書者有君廢之而不得書者故自文而上六君見出者九十九致者十有八自宣而下六君見出者八十六致者六十九近詳而遠略則史失之也隱公不終於君故終其世皆不致則君廢之也春秋無所加損所大者惟君而已三傳或以爲備禮則書不備禮則不書或以爲殆其往而喜其歸齊桓之盟會安之則不

致或以爲會夷狄不致離會不致惡事不致紛然皆不可通此則不知其說而妄意之也

三年春正月

正月何以不書王無王也桓弑君而奪之國不受命而自立以爲有王則不至於是矣而王亦不加討焉王亦不自有其王也故不書王何以三年而後始不書元年二年未知其無王也十年十八年復有王存王也葉子曰古者諸侯喪畢見於天子賜之韍冕圭璧然後歸以臨其民明其有所受也而桓至莊公始見王使榮叔來錫命是桓未嘗朝王而受命也元年二年隱之喪未畢則將朝而請

命歟遂不朝歟未可知也故書王以俟之至於三年而不朝則不朝矣其意曰是何必朝焉爾然後見其無王故去王自三年始王天下之王也十數之終也踰十年無王則無王天下之王豈以桓爲有無哉坤之上六曰爲其嫌於無陽也故稱龍焉則十年之書王亦嫌於無王而存之也十八年桓之終也桓雖無王王不可以不治使遂終不見王則桓得成其無王之惡而王亦廢其爲王之實矣故十八年復書王所以治桓而申王此春秋正王法之道也

公會齊侯于嬴夏齊侯衛侯胥命于蒲

胥相也胥命相命爲侯伯也古者王畿之外設方伯皆以諸侯有功德者爲之自侯伯而長九州謂之牧自上公而分二陝謂之伯必有天子之命焉故曰八命作牧九命作伯天下無伯齊侯衛侯不受命於天子而擅相推是諸侯而自爲命也何以不言相兩曰相胥有待也見齊衛之更相待云爾葉子曰吾何以知齊衛之擅相命歟齊侯僖公也衛侯宣公也齊衛之初皆常爲伯矣管仲曰召康公賜我大公履五侯九伯皆得征之則大公之爲二伯而周官所謂九命作伯者也康誥命康叔曰孟侯詩責衛伯不能修方伯連率之職則康叔之

爲方伯而周官所謂八命作牧者也桓王之時周德衰而諸侯莫適爲主僖公因欲舉其世職而更命以爲侯伯故曰胥命九儀之命周之所以正邦國之位者也非入而受命於王則王以大夫爲之錫命雖桓文之盛不敢竊以爲辭葵丘之會東牲載書而稱五命蓋有宰周公臨之焉而況於侯伯乎齊小白之霸也王實使召伯廖命之晉重耳之霸也王實使尹氏王子虎命之而公羊穀梁乃以結言而退爲美傳說曰王言惟作命不言臣下罔攸稟令諸侯而得言命非春秋之義也

六月公會杞侯於郕秋七月壬辰朔日有食之既

既盡也有繼之辭也

公子翬如齊逆女

翬何以氏始三命也逆女不書此何以書不正其以翬逆也古者嫂叔不通問而况逆女乎翬桓公之弟惠公之子也葉子曰夫婦之道人倫之本也魯諸公十有二見逆女者四皆以違禮而失常也莊書公如齊逆女不正公親逆也桓書公子翬逆女宣書公子遂逆女翬桓公之弟惠公之子遂宣公之弟文公之子不正其以叔逆嫂也成書叔孫僑如逆女僑如成公之族叔祖叔孫得臣之子不正其以尊逆卑也古者天子嫁女乎諸侯以諸侯

同姓者主之諸侯嫁女乎大夫以大夫同姓者主之主之以敵大夫可也逆之於他國不可也天下之本在國國之本在家父父子子夫夫婦婦兄兄弟弟而家道正魯之亂有如慶父仲遂之殺嫡者有如僑如之譖其君於霸主而止之者皆自其家失之此春秋所以謹也

九月齊侯送姜氏于讙公會齊侯于讙

讙魯地也父而自送女非禮也禮送女父不下堂母不出祭門兄弟庶母不出闕門所以遠嫌也何以不稱夫人以齊侯爲之辭也葉子曰文公逆女于齊在國不言女已成禮也於文公則既成婦矣

故書逆婦姜於齊姜宜稱女者也齊侯送女於讙入國不言夫人未成禮也於齊侯猶女矣故書齊侯送姜氏於讙姜氏宜稱夫人者也是謂名正而言順

夫人姜氏至自齊

何以不言翬以夫人姜氏至自齊公自受之於齊侯也

冬齊侯使其弟年來聘有年

有年五穀熟也五穀熟爲有年大熟爲大有年葉子曰古之辨年之上下者曰豐年曰中年曰無年有年者中年也大有年者豐年也歲非五穀皆不

熟無非有年者何獨於桓書有年於宣書大有年歟桓宣皆弑君者也桓書大水書螽書雨雪書無冰則有年非桓之所得致也宣書螽書大旱書大水書蝝生書饑則大有年非宣公之所得致也於皇來牟將受厥明明昭上帝迄用康年武王之詩也天降喪亂滅我立王降此蟊賊稼穡卒痒厲王之詩也年之有無豈非以其君歟然天之愛人至矣非其惡有至厲王未有因其君而奪之年者則有年其常也無年其非常也故曰自古有年匪今斯今振古如兹以其常而不能常也故有年大有年各因其人而一見法焉然卒常也則不必書故

終春秋不以再見非外此則無年也

四年春正月公狩于郎

狩冬田之名也正月其節矣何以書非其地也天子諸侯四時皆有田以習武事因獻禽以奉祭祀春教振旅以辨鼓鐸遂以蒐田而祭社夏教茇舍以辨號名遂以苗田而享礿秋教治兵以辨旗物遂以獮田而祀祊冬教大閱以揔軍實遂以狩田而享烝振旅茇舍治兵大閱習武之名也蒐苗獮狩田之名也志以武者書以武志以田者書以田非其時則書非其地則書

夏天王使宰渠伯糾來聘

宰渠伯糾王之上大夫也宰大宰也糾名也王之上大夫以邑爵見而不名爲大宰則書官此何以名桓負弒君之罪而不能討不朝王而反聘之王失正也大宰以六典佐王治邦國聘非其所聘而不能正使非其所使而不能辭糾失職也然則何以不貶王王不可以遽貶也貶糾所以貶王也葉子曰是歲與七年皆闕二時不書秋冬史之闕文歟春秋闕之也易曰大人者與天地合其德與日月合其明與四時合其序與鬼神合其吉凶春秋歷一時無事必書首月以見時所以奉天也桓無王王者天所王也無王亦無天矣是何足與語四

時之序者哉而此二時者下無事上有事是以因其可闕而闕之四年承宰渠伯糾來聘見上無天子而渠伯來聘也七年承穀伯綏鄧侯吾離來朝見下無諸侯而穀鄧來朝也上無天子而不能誅下無諸侯而不能討故因其無事不書首月以見時者爲其不足與奉天而絶之天也

五年春正月甲戌

下無文經成而亡之也葉子曰春秋有闕文歟曰然仲尼書而闕之歟曰否經成而後亡之也子曰吾猶及史之闕文也有馬者借人乘之今亡矣夫史不及見其全文而與之正猶無馬不能借人而

與之乘也是以君子愼乎闕疑乃春秋則非史也將別嫌疑以爲萬世法則何取於多聞哉可及者及之不可及者則去之而已所以爲春秋者不在是也故春秋無闕文而先儒之說乃以爲信以傳信疑以傳疑納北燕伯於陽謂之公子陽生曰我知之而不革夫如是則春秋何以定天下善惡而示勸沮歟吾是以知凡春秋之闕文非仲尼之闕疑皆經成而後亡之者也

己丑陳侯鮑卒夏齊侯鄭伯如紀

如朝也外相如不書此何以書譏也外此則無譏乎過我也齊侯將襲紀與鄭假朝以濟其謀紀人

知之不及行諸侯相朝固非矣而又譏焉是以因其過我而一正之也

天王使仍叔之子來聘

仍叔王之下大夫也子之云者非大夫也辭間容之之譏辭也不正以其子代父愛人之子而輕其大夫也桓不足聘名宰渠伯糾已一見貶矣再不足貶也貶其使仍叔之子而已葉子曰春秋之善善也一善不再褒因其可褒而褒之而吾所與者自見矣其惡惡也一貶不再貶亦因其可貶而貶之而吾所奪者自顯矣蓋所以爲褒貶者著吾所與奪而已何必致意而屢見哉是以不以其人每

加之也

葬陳桓公城祝丘

不時也

秋蔡人衛人陳人從王伐鄭

王何以伐鄭鄭不朝也初莊公爲平王卿士王貳於虢公忌父周鄭交惡而不來朝至桓王立而鄭伯復如周王不禮焉遂畀虢公政鄭伯復以齊人來朝猶脩方伯之職也既而取其鄔劉蔿邘之田遂復不朝於是八年矣鄭在男服三歲一見諸侯三不朝則六師移之再不朝則遽伐焉不問罪而王又親之以王爲失正矣何以不曰天王伐鄭而

舉從者以爲之辭不以鄭伯敵天王也鄭伯何以無貶辭古者諸侯有罪方伯征之方伯不能服二伯征之二伯不能服而後王親征焉諸侯而至於王親征固無與立於天下矣然則王無罪乎天下有道諸侯六年五服一朝莫敢不來享莫敢不來王諸侯不能服而王親征王亦病矣三國何以皆稱人諸侯無軍以御師其敎衛之民以贊元侯入天子之國曰某氏故以人見周禮也鄭於是射王中肩而敗王師何以不書敗不可言也葉子曰天王敗績於茅戎書敗鄭伯大敗王卒不書敗戎夷狄也鄭中國也夷狄禮義所不加敗何恥焉中國

而敗王則所以爲王者亡矣不可以鄭而亡王是
以不可見敗也

大雩

雩旱祭也天子之雩主上帝諸侯之雩主上公有
常雩有旱雩建巳而雩常雩也常雩未旱不書非
建巳而雩旱雩也旱雩巳旱書以時書者皆志秋
冬以月書者皆志七月八月志以時者其災長志
以月者其災短故春夏不雩冬雩失時也何以不
書旱言雩則旱見言旱則雩不見旱而得雨則書
雩旱而不得雨則書旱大雩天子之雩也凡天子
之祭皆曰大饗曰大饗旅曰大旅大雩必有盛樂

焉魯何以得雩周公之賜也葉子曰三傳言雩各不同左氏曰龍見而雩過則書郊禘烝嘗有常則有時旱無常則無時龍見而雩建巳之雩以過而書則旱不得雩乎穀梁以雩月爲正秋雩爲非正志月者七月八月九月也志秋者包三月也月爲正而秋安得不正乎知雩爲旱祭惟公羊爲近經也

石林先生春秋傳卷第三

後學　成德　校訂

巴陵鍾謙鈞重刊